그들은 우리와 무엇이 다른가

중국의 젊은 부자들

중국의 젊은 부자들

그들은 우리와 무엇이 다른가

초판 1쇄 | 2019년 10월 21일 발행
초판 5쇄 | 2024년 9월 1일 발행

지은이 | 김만기·박보현

펴낸이 | 김현종
펴낸곳 | (주)메디치미디어
등록일 | 2008년 8월 20일 제300-2008-76호
주소 | 서울특별시 중구 중림로7길 4
전화 | 02-735-3308 팩스 | 02-735-3309
이메일 | medici@medicimedia.co.kr
페이스북 | medicimedia
인스타그램 | medicimedia
홈페이지 | www.medicimedia.co.kr

편집관리 | 배소라
마케팅 홍보 | 최재희 안형태 김예리
경영지원 | 박정아 신재철

인쇄 | 한영문화사

© 김만기, 박보현, 2019

ISBN 979-11-5706-173-0 03320

김만기, 박보현
지음

중국의
젊은 부자들

그들은 우리와 무엇이 다른가

앳워크

왜 중국의 '젊은' 부자들인가

2017년 EBS 다큐프라임 〈글로벌 인재전쟁_중국편〉의 촬영을 위해 중국의 대학생들을 만났을 때였다. 나는 1992년 한중수교 이후 첫 정식 유학생으로 베이징대학에서 공부했는데, 당시 중국인 친구들은 졸업 후 전액 장학금을 받고 해외로 유학을 가거나 중국에 진출한 외국 기업에 취업하는 것을 가장 선호했다.

그런데 25년이 흐른 후 중국 대학생들이 선호하는 진로는 많이 달라져 있었다. 외국 기업보다 알리바바나 텐센트 같은 중국 기업에 취업하기를 원하는 학생들이 많았고, 창업을 희망하는 청년들도 상당했다. 외국 기업보다 중국 기업이 더 유망하다고 보고 취업보다 창업을 긍정적으로 생각하는 청년들이 늘어난 것이다. 20여 년 전만 해도 상상할 수 없는 일이었다.

프로그램을 촬영하기 위해 텐센트, 시나 웨이보 등의 기업을 방문해서도 충격을 받았다. 내가 알던 중국 기업이 아니었다. 예를 들어 시가총액 기준 아시아 1등 기업인 텐센트는 출퇴근 시간이 자유로웠고, 수십 개의 특허를 가진 직원도 있었다. 4만 5000명 정도 되는 직원들의 평균 연령은 30세 미만이었고, 직급에 상관없이 서로 닉네임을 불렀다. 텐센트를 설립한 마화텅 회장 역시 '포니'라는 닉네임으로 불리고 있었다. 한국에서 여전히 힘을 발휘하고 있는 상명하복식 수직적 기업문화와는 큰 차이가 있어 보였다. 누구든 본인의 의견을 당당하게 이야기하는 등 전반적인 기업 분위기가 부러울 만큼 활기찼다. 미국의 구글이나 페이스북이 이런 분위기가 아닐까 하는 생각이 들 정도였다.

방송 촬영 후 왠지 모를 쓸쓸한 기분과 함께 의문이 줄지어 떠올랐다. 중국은 끊임없이 역동적으로 변화하고 발전하는데, 우리는 정체된 것만 같은 느낌을 지울 수가 없었다.

'중국 청년들이 안정된 직장 대신 창업에 도전하고 있는 이유는 무엇일까? 왜 우리나라에서는 마윈 같은 흙수저 출신의 자수성가형 역할모델이 더 이상 나오지 않는 것일까? 왜 우리나라에서는 세계가 주목하는 혁신적 유니콘 기업이 나오지 못하는 것일까?'

이런 의문들이 내 머릿속을 맴돌았고, 나는 중국의 젊은 기업들을 주의 깊게 관찰하기 시작했다.

젊은 중국,
달라진 중국

중국이 젊어지고 있다. 정치에서는 1970년대생들이, 경제에서는 1980년대생들이 주축이 되어 리더로 부상하고 있으며, 기업가들의 세대교체와 더불어 부의 세대교체도 빠르게 일어나고 있다. 이른바 BAT라고 불리는 바이두, 알리바바, 텐센트를 중심으로 1990년대 말 2000년대 초에 등장했던 IT 부자들도 1980년대생, 그리고 심지어 1990년대생들을 중심으로 재편되는 실정이다.

1964년생인 알리바바의 창업자 마윈은 회사 설립 20년 만인 2019년 9월 10일, 55번째 생일을 맞아 은퇴했다. 그리고 사업 일선에서 물러나 교육과 자선 사업에 매진할 계획이라고 밝혔다. 마윈은 중국 청년들에게 도전의 상징이자 희망과 용기의 아이콘이다. 마윈처럼 되려고 창업을 꿈꾸는 젊은 청년들의 도전이 중국 전역에서 활기차게 일어나고 있다.

기업가치 10억 달러 이상인 비상장기업을 유니콘 기업, 100억 달러 이상인 기업을 데카콘 기업이라고 부른다. 뿔이 한 개 달린 상상 속의 동물을 유니콘이라고 하고 뿔이 열 개 달린 동물을 데카콘이라고 부른 데서 붙여진 이름이다. 중국에서는 2018년 기준 하루 1만 6000개 이상의 창업이 이루어지고, 그중 사흘에 한 개씩 10억 달러 가치의 유니콘 기업이 탄생하고 있다.

현재 세계 최고 몸값을 자랑하는 유니콘 기업은 틱톡의 모기업인 바이트댄스이다. 바이트댄스는 2018년 750억 달러의 가치를 기록하면서 720억 달러(상장 전)의 우버를 제친 슈퍼 데카콘 기업이다. 2012년 이 회사를 설립한 장이밍은 2019년 《포브스》 선정 세계 억만장자 순위 70위에 오를 만큼 단기간에 큰 부를 이루었다. 중국의 유니콘 기업 수는 미국에 이어 세계 2위지만, 매년 무서운 속도로 늘어나고 있다. 유니콘 기업에 거품이 많다는 지적도 있지만, 이들이 새로운 변화를 주도하고 있다는 것만큼은 의심할 여지없는 사실이다.

전 세계가 유니콘 기업에 주목하는 이유는 유니콘 기업이 4차 산업혁명의 발전 정도를 가늠하는 척도가 되기 때문이다. 유니콘 기업은 인공지능, 빅데이터, 클라우드 등 새로운 기술과 독특한 아이디어로 창의적 혁신을 이루고, 공유경제, 핀테크와 같은 새로운 비즈니스 모델을 창출한다. 소비자 또는 사용자의 요구에 빠르게 반응하여 기존에 없던 새로운 시장을 만들고, 단시간에 광범위한 소비자들의 지지를 끌어낸다. 이들에게서 성장 가능성을 본 투자자들은 대규모 자금을 투입하고, 유니콘 기업은 새로운 대기업, 새로운 글로벌기업으로 성장하여 세계를 리드한다.

최근 각 기관에서 발표하는 자료들을 보면, 세계 젊은 부자 상위 10명 중 3~4명이 중국인이다. 중국에 젊은 부자가 많은 것은 유니콘 기업의 성장과 무관하지 않다. 《포브스》가 2019년 발표한 세계 억만장자 중 40대 이하 부호는 총 71명이었고,

그중 자수성가형이 41명이었다. 40세 이하 억만장자에 포함된 중국인 13명 중 자수성가한 인물은 상속받은 재벌2세를 제외하고 총 8명으로, 모두 스타트업을 설립한 사람들이다. 회사설립 불과 몇 년 만에 어마어마한 부를 이룬 셈이다. 이들 중국의 젊은 부자들을 보면 중국의 경제와 비즈니스가 어떤 방향으로 발전해가고 있는지 그 흐름을 엿볼 수 있다.

이 책에서는 중국의 젊은 부자의 기준을 80허우(1980년대 출생자)와 90허우(1990년대 출생자) 중 유니콘 기업을 이룬 자수성가형 청년 기업가로 설정했다. 사실 범위를 좁혔는데도 그 수가 상당히 많아 인물 선정에 어려움이 있었으나 가능하면 다양한 분야의 인물을 선정하려고 노력했다. 그리고 단순한 성공 스토리보다는 이들이 왜 창업을 했으며 어떤 마인드로 기업을 운영하고 있는지, 위기를 어떻게 극복했으며 사회적 가치를 어떻게 실현하는지 등에 관해 그들의 내면을 들여다보려고 노력했다. 또한 돈 벌기 어렵다는 중국 시장에서 승승장구하고 있는 외국 청년들이 만든 스타트업의 성공 노하우도 살펴봤다.

중국 젊은 부자들의 여섯 가지 공통점

책을 쓰면서 중국의 젊은 부자들에게 몇 가지 공통점이 있다는 사실을 발견했다.

첫째, 흙수저 출신이다. 중국의 젊은 부자 대부분이 자수성가형으로 이른바 '개천에서 난 용'들이다. 재벌2세를 제외하면 부모의 배경을 등에 업고 부자가 된 사람은 없다. 허름한 공부방에서 시작해 교육업계 최고의 부자가 된 사람도 있고, 후미진 골목에서 테이크아웃 매장 하나로 시작해 부자가 된 사람도 있다. 똑똑한 머리로 전액 장학금을 받으며 미국에서 유학해 첨단기술을 배우고 발전시켜 부자가 된 사람도 있고, 토종 국내파로 인공지능 검색기능 연구에 매달려 부자가 된 사람도 있다. 모두 부모나 집안 배경 없이 본인 스스로 어렵게 길을 개척해 성공한 사람들이다.

둘째, 일에 미쳤다. 부자가 되었다고 해서 처음부터 특별한 사람은 아니었다. 지극히 평범했다. 자신이 좋아하는 일을 찾게 되면서 평범했던 이들은 비범한 인물로 바뀌었다. 좋아하는 일을 찾은 후에는 그 일에 미치도록 몰두하는 괴력을 발휘하게 된 것이다. 지극히 평범한 젊은이였던 DJI의 왕타오는 모형 헬리콥터 무선조종 장치를 개발하면서 하루 20시간씩 일할 정도로 몰두했고, 세계 최초로 폴더블폰을 만든 로욜의 류쯔훙은 6년 동안 하루도 빠짐없이 16시간씩 일했다. '인공지능의 눈'을 만든 쾅스커지의 공동 창업자 세 명은 모두 대학 때 밥을 안 먹고 잠을 안 자는 것은 괜찮지만 컴퓨터 프로그래밍 작업을 안 하고는 살 수 없다고 말할 정도로 일에 미쳐 있었다. 미치지 않은 사람이 미친 사람을 이기기는 힘들다. 이들은 단순히 열심히 일해서 부자가 된 것이 아니라 완전히 일에 미쳤기 때문에 부자가 된 것이다.

셋째, IT를 활용할 줄 안다. 재벌2세 부자들 중에 부동산 재벌이 많다면, 자수성가형 부자 중에는 IT 분야에서 성공한 사람들이 많다. 4차 산업혁명이라는 빠른 변화의 물결 속에서 살아남는 경쟁력은 바로 민첩성이며, 이 민첩성은 조직이 가벼운 스타트업의 가장 큰 장점이기도 하다. 80허우와 90허우의 젊은 세대가 스타트업을 장악하고 있는 것은 IT에 익숙한 디지털 세대이기 때문이다. 접을 수 있는 디스플레이나 인공지능의 눈과 같은 첨단기술이 아니더라도 교육이나 식음료와 같은 전통산업에도 IT를 쉽게 입힌다. 디디추싱의 CEO인 청웨이는 엔지니어 출신은 아니지만 IT를 활용해 차량 공유 스타트업을 성공시켰다.

넷째, 가치 중심적 사고를 한다. 유니콘 기업을 만든 젊은 부자들 중 한탕주의는 찾아보기 힘들다. 이들은 세상을 변화시키는 데 관심이 많고, 오래 지속되는 기업을 만들고 싶어 한다. 그러기 위해 사회적 가치 실현의 중요성에 대해서도 잘 인식하고 있다. 아무리 좋은 제품과 서비스를 제공하더라도 사회적 가치를 만들어내지 못하면 소비자들에게 외면당한다는 생각이 강하다. 진짜 밀크티를 만들어보겠다는 기본에 충실한 마음, 교육마저 불평등할 수는 없다며 온라인 교육사업에 뛰어드는 책임감, 30년 안에 세계 10위 중국 화장품 브랜드를 만들겠다는 사명감, 종이처럼 가볍고 휘어지는 디스플레이로 액정 모니터부터 의류까지 생활에 편의성을 더해 세상을 바꿔보겠다는 야심, 빅데이터와 인공지능을 활용해 수요와 공급의 균형 조절로 합리적 '반계획경제'를 실현시키겠다는 장기적 목표 등 중국 젊은 부자들의 가치 중심적 사고는 무서울 정도다. 처음에는 돈을 벌기 위한 목적으로 스타트업을 시작했을지라도 사회적 가치의 실현 없이는 기업이 오래 생존할 수 없음을 이들은 너무도 잘 알고 있다.

다섯째, 글로벌 마인드를 지향한다. 중국 IT 1세대인 BAT가 중국 내에서 IT 시장을 구축했다면, 2세대는 해외시장으로 나아가는 데 주저함이 없다. '드론계의 애플'로 불리는 DJI는 처음부터 해외시장을 겨냥해 현재 전 세계 민간용 드론 시장의 70퍼센트를 장악했고, 대기업의 9조 원 인수 제안을 거절한 바이트댄스의 장이밍은 구글 같은 회사를 꿈꾸며 전 세계에서 통용될 수 있는 툴을 만들었다.

여섯째, 유연한 사고를 한다. 중국의 젊은 부자들은 레드오션을 두려워하지 않는다. 비록 약자인 후발주자로 시장에 뛰어들더라도 게임의 규칙을 바꿔 기존 강자들의 아성을 무너뜨린다. 기존의 성공방식을 카피하지 않는다. 따라 해서는 절대로 이길 수 없다는 것을 알기 때문이다. 완전히 새로운 비즈니스 모델을 창출해 새로운 강자로 등극하는 것이 중국 젊은 부자들의 특징이자 공통점이다.

더 강한 대한민국을
기대하며

이 책을 쓴 데는 두 가지 이유가 있다. 먼저 한국의 미래를 위해 중국을 잘 알기를 바라는 간절한 마음이다. 1992년 중국에 건너가 지금까지 30년 가까이 중국의 변화를 지켜본 사람으로서 오늘날 중국의 괄목할 만한 기술 발전에 두려움을 느낀다는 것이 솔직한 심정이다. 현재의 중국은 과거의 중국과는 너무도 다르다. 싸구려 모조품을 만들어 팔던 나라가 아니다. 한국의 기술력을 뒤쫓던 기술 후진국도 아니다. 2019년《포춘》선정 글로벌 500대 기업 중 중국 기업은 129개(대만 10개 기업 포함)로 미국의 121개보다 많았다. 미국을 사상 최초로 추월한 것이다. 2000년 10개, 2010년 46개에 비하면 비약적으로 발전한 수치이다. 그만큼 중국이 글로벌 경제에 미치는 영향력도 커지고 있다. 예를 들어 애플의 짝퉁으로 불렸던 샤오미는 설립 9년 만인 2019년에《포춘》선정 글로벌 500대 기업에 진입할 정도로 빠르게 성장했다.

이전에 중국에게 한국은 중요한 나라였다. 한국의 선진기술을 배우고, 투자를 받고, 단기간에 이룩한 경제 성장 노하우를 배우러 왔다. 하지만 이제 중국은 더 이상 한국에 배우러 오지 않는다. 오히려 한국 기업들이 중국 기업을 배우러 중국을 찾는다. 화웨이, 하이얼, 텐센트, 알리바바, 바이두, 샤오미 등 중국 유수 기업과 스타트업을 찾아 그들의 성공 노하우에 귀를 기울인다. 베이징, 선전 등 곳곳에 중국판 실리콘밸리가 생기고, 전 산업 분야에서 전방위적으로 기술 굴기偏起가 일어나고 있다.

여러 산업 분야에서 중국과 경쟁하고 있는 한국의 입장에서 중국 기업이 혁신하면 우리 기업의 경쟁력은 떨어진다. 현실을 직시하고, 중국의 젊은이들이 어떤 생각을 하고 어떻게 글로벌 기업을 만들어내는지를 살펴보면서 우리 스스로를 성찰하고 미래에 나아갈 방향을 모색해보았으면 하는 간절한 마음이 이 책을 쓴 첫 번째 동기이다.

또 한 가지 이 책을 쓰게 된 이유는 한국의 청년들에게 조금이나마 '나도 하면 되겠네' 하는 용기를 주고 희망을 보여주고 싶었다. 연애, 결혼, 출산을 포기한 '3포세대'라는 신조어가 채 익숙해지기도 전에 '5포세대', '7포세대'를 넘어 'N포세대'까지 등장했다. 더 이상 포기할 게 없을 만큼 무기력한 세대라는 뜻이다. 이들의 마음에 희망이라는 작은 씨앗이 자랄 수 있게 하고 싶었다. 똑똑한 젊은이들이 의사나 판검사로 입신양명하기보다는 대한민국을 이끌고 세계를 호령하는 혁신 인재로 성장하기를 바라는 마음, 자신이 좋아하는 일에 미칠 수 있는 역동적인 대한민국이 되기를 바라는 간절한 마음으로 이 책을 썼다. 청년들이 불안해하지 않고 마음껏 재능을 펼칠 수 있는 대한민국이 되기를 기대해본다.

차례

제1부

CHINA'S
YOUNG
RICH

변화의
길목에서

기회를
찾다

"태풍이 부는 길목에 서면 돼지도 하늘을 날 수 있다."

샤오미를 설립한 레이쥔雷軍의 말이다. 레이쥔은 2010년 '모바일 인터넷'이라는 태풍에 올라타 《포춘》이 발표한 '2019년 글로벌 500대 기업'에 진입하는 데 성공했다. 회사 설립 9년 만의 일로 2019년 선정된 500대 기업 중 가장 젊은 기업이다.

레이쥔은 우리 모두 태풍이 부는 길목에 선 돼지이며, 태풍에 올라타 날아가고 싶은 의지와 용기가 중요하다고 말한다. 언젠가 태풍이 사라지면 돼지는 날개가 없으니 추락할 수밖에 없다. 따라서 맹목적으로 태풍에 휩쓸려서는 안 된다. 중요한 것은 어떻게 태풍을 탈 것인지, 그리고 어떻게 해야 태풍이 사라진 후에도 추락하지 않을 것인지이다.

샤오미는 모바일, 인터넷, SNS, 전자상거래, IoT 등이 새로운 시대의 태풍임을 감지하고 스마트폰을 만들었다. 안드로이드 오픈소스 프로젝트 기반의 자체 운영체제인 미유아이MIUI를 만들고, 온라인 판매만으로 가성비를 높였다. 사용자 의견을 신속하게 반영하여 매주 운영체제를 업데이트하고, SNS를 통해 '미펀米粉'이라는 팬덤을 형성하고, 그들의 SNS를 통해 자발적으로 입소문이 나도록 했다. 스마트 기기, 생활가전 등 다양한 제품을 만드는 스타트업들을 지원해 Mi 브랜드를 만들고 IoT 기술을 이용해 스마트홈을 구축하는 샤오미 생태계를 만들었다.

제품, 판매, 마케팅, 사용자와의 소통, 스마트홈 등 모든 것을 모바일과 인터넷이라는 태풍에 철저하게 맞추어 혁신을 꾀하고, 결국 '대륙의 실수'가 아닌 '대륙의 실력'을 갖춘 모바일 인터넷 플랫폼 기업이 된 것이다.

단순히 부자가 될 욕심으로 맹목적으로 트렌드라는 태풍을 따라가는 것은 위험하다. 태풍이 사라지더라도 어려움을 견디고 이겨낼 수 있는 문제 해결력이 중요하다. 풍선 기구를 만들든 인공날개를 만들든 기업이 지속적으로 혁신해야 하는 이유이다.

중국의 젊은 부자들은 변화의 물결을 빠르게 간파하고 그 속에서 기회를 잡은 사람들이다. 특히 4차 산업혁명이라는 태풍의 길목에서 인공지능을 비롯한 최첨단 기술을 빠르게 융합하고 지속적으로 혁신하면서 오늘날의 부를 일구었다.

변화는 누구에게나 불안하고 두려운 일이다. 그래서 쉽게 태풍에 올라타지 못한다. 그러나 새로운 변화의 바람을 감지하고 거기에 뛰어들 용기가 있는 사람만이 부자가 될 기회를 얻을 수 있다.

제1장

드론계의 스티브 잡스,
왕타오

DJI 창업자

요즘 무선전파로 조종하는 무인 항공기 드론은 우리 생활 속에서 다양하게 사용되고 있다. 2018년 평창 동계올림픽에서도 드론이 큰 이슈였다. 어른, 아이 할 것 없이 드론을 배우려고 하는 사람들도 많아졌다. 그런데 그 드론의 특허 대부분을 가지고 있는 기업이 있다. 바로 DJI다.

세계 드론 인구 10명 중 7명이 사용한다는 DJI 제품은 탄탄한 글로벌 브랜드로 자리 잡았다. DJI를 창업하여 드론으로 세계를 제패한 인물은 1980년대생인 왕타오汪滔다.

왕타오는 드론계의 스티브 잡스로 불린다. 애플이 스마트폰이라는 새로운 시장을 열었던 것처럼, 드론이라는 새로운 시장을 개척했기 때문이다. 중국산은 '짝퉁'이라는 이미지를 깨고, 중국 토종기술로 글로벌 표준을 만든 혁신기업가라는 평가를 받고 있다. 세계에서 인정받는 중국산 명품 브랜드를 최초로 만든 기업가이다.

2006년 26세에 설립한 DJI는 10년 만인 2015년 100억 달러의 기업가치를 인정받았고, 2016년에는《포브스》가 선정한 '글로벌 게임 체인저'에 이름을 올렸다. 2017년에는《포브스》가 발표한 '세계 테크 부문 부자 순위'에서 자산 32억 달러로 76위에 올랐고, 2019년《포브스》선정 '세계 억만장자 순위'에서는 자산 54억 달러로 325위를 기록했다.

글로벌 표준을 만드는 퍼스트 무버

왕타오는 기존의 중국 기업가들과는 다르다. 중국 IT 1세대인 BAT(바이두, 알리바바, 텐센트)가 해외 기업의 사업 모델을 중국 시장에 가져와 성장한 패스트 팔로워fast follower라면, DJI는 한 분야의 산업을 개척하고 주도한 퍼스트 무버first mover이다.

민간용 드론이라는 새로운 산업을 개척하고, 최첨단 산업 분야에서 중국의 기술력이 세계 표준이 되도록 만든 DJI는 '드론계의 애플'로 불리며 전체 매출액의 80퍼센트를 해외에서 올릴 정도로 세계 시장을 리드하는 기업이다. 해외에서 만들어진 첨단제품을 중국에 도입하는 방식에서, 중국에서 만든

첨단제품을 해외로 수출하는 방식을 실현한 첫 번째 사업가라는 점에서 왕타오는 30대의 젊은 나이지만 중국에서 존경받는 기업가다.

DJI가 글로벌 혁신기업으로 성공한 배경은 중국이라는 거대 시장도, 중국 정부의 전폭적인 지원도 아니었다. 오직 기술력 하나로 '싸구려 짝퉁'이라는 중국 제품의 이미지를 단번에 바꿔버리고, 전 세계에 테크 혁명을 주도한 중국 최초의 혁신기업이 바로 DJI다.

DJI는 드론 관련 특허도 절대적으로 많이 보유하고 있다. 드론을 만들려면 반드시 DJI의 특허 기술을 사용해야 할 정도다. 드론 제작에는 영상 기술, 흔들림을 최소화하는 안정화 기술, 모터 기술, 방향조종 기술, 충돌방지 기술, 3차원 GPS 기술, 통신 네트워크 기술 등 다양한 기술이 필요한데, DJI는 대부분의 부품을 자체 제작한다. 세계 시장의 70퍼센트를 점유하고 있는 DJI가 채택하거나 개발한 기술은 자연스럽게 글로벌 표준이 된다. 외국기업들이 DJI를 따라잡기 위해 중국 제품을 카피한다. 중국 대기업들이 세계의 기술력을 흡수하기 위해 파격적인 고액 연봉을 주며 외국기업에서 인재들을 스카우트하는 것과는 반대로 DJI는 오히려 기술력 유출로 골머리를 앓고 있을 정도다.

《포브스》와의 인터뷰에서 성공 비결을 묻자 왕타오는 "우리는 창의와 혁신에 전념해 성공했습니다."라고 대답했다. 그리고 "일반적으로 드론 업체가 신상품을 출시하는 데에는 5~6

년이 걸리지만, 우리는 5~6개월이면 충분합니다."라며 기술
경쟁력을 강조했다.

그는 연구인력을 전체 직원의 3분의 1로 유지한다는 원칙
을 가지고 있다. 1만 4000명의 전체 직원 중 약 30퍼센트가
R&D 관련 업무에 종사하고 있다. 빠르게 변화하는 최첨단기
술 분야에서 경쟁사들과 차별화를 위해서는 기술 혁신이 핵심
이기 때문이다. 기술격차를 벌리는 것은 업계 리더로 살아남
기 위한 필수 조건이다.

왕타오는 세계적 명품 브랜드를 만들어낸 최초의 중국인으
로서 중국인들의 자부심이기도 하다. 그는 "중국인들조차 수
입품이 중국산보다 좋다고 생각합니다. 우리는 항상 이류라고
생각합니다."라며 중국인 스스로 일류제품을 만들 수 없다는
생각을 깨야 한다고 주장한다. 그리고 스스로 중국인도 일류
제품을 만들 수 있다는 것을 입증해내면서 중국의 부자를 넘
어 세계적인 부자가 되었다.

좋아하는 일을 찾아야
미칠 수 있다

왕타오가 하늘을 나는 것에 관심을 갖기 시작한 것은 열 살 무
렵이었다. 어린이 과학도서에서 처음 본 빨간색 헬리콥터가 머
릿속을 떠나지 않았다. 이때부터 하늘을 나는 비행체에 대한

관심이 커졌다.

무선조종 모형헬기를 사달라고 부모님을 졸랐지만 아이를 위한 장난감치고는 너무 비쌌다. 일반인의 한 달 월급보다 훨씬 비싼 가격이었다. 그의 부모님은 그가 좋은 성적을 받으면 갖고 싶은 무선조종 모형헬기를 사주기로 약속했다. 그는 모형헬기를 받을 욕심으로 열심히 공부해 중위권이던 성적을 상위권으로 올렸다.

열여섯 살에 처음으로 무선조종 모형헬기를 갖게 되었는데, 리모컨 조종이 생각처럼 잘 되지 않았다. 하늘을 나는가 싶으면 곧 땅으로 곤두박질치기 일쑤였다. 그는 프로펠러에 피부가 긁혀 여기저기 상처가 나면서도 계속해서 모형헬기를 날렸다. 이때부터 비행 제어 시스템에 관심을 갖기 시작해 모형비행기 관련 잡지들을 닥치는 대로 읽었다.

모형헬기 비행 제어 시스템을 실제로 만들어 꿈을 실현할 수 있는 계기를 갖게 된 것은 홍콩과학기술대학에 편입하면서부터였다. 원래 중국 화동사범대학 전자학과에 다니던 왕타오는 더 넓은 세상을 보기 위해 MIT와 스탠퍼드대학에 입학 지원서를 냈지만 모두 실패했다. 차선책으로 선택한 것이 홍콩과학기술대학이었다. 그곳에서 전자컴퓨터공학을 전공한 그는 비행 제어 시스템을 직접 연구할 수 있게 되었다.

평범한 소년이었던 왕타오가 비범한 인물로 바뀐 것은 좋아하는 일을 찾으면서부터이다. 2003년 비행 헬기 원격제어 시스템으로 로봇대회에 두 차례 참가하여 홍콩대회 1위, 아시아

태평양대회 3위를 차지했다. 자신감도 커졌다. 2005년 졸업과제로 그는 두 명의 동기생과 함께 헬리콥터 비행 조종 통제 시스템을 연구한다. 핵심 과제는 공중의 정해진 위치에서 정지해 있도록 제어 시스템을 만드는 것이었다. 그들은 5개월 동안 밤낮없이 연구에 몰두했다. 발표 당일에도 새벽 5시까지 연구실에서 발표준비를 했다. 그런데 발표장에서 모형헬기가 공중에서 추락하고 말았다. 졸업작품 성적은 C를 받았고, 유학의 꿈도 물거품이 되어버렸다.

그런 왕타오에게 주목하는 사람이 있었다. 로봇공학과의 리쩌샹李澤湘 교수였다. 리쩌샹 교수는 왕타오의 대학원 지도교수가 되어 그가 모형헬기 조종장치를 계속 연구할 수 있도록 도와주었다. 그리고 투자를 받아 재정문제를 해결하고, 기술적 지원을 아끼지 않고, 힘든 일이 있을 때마다 격려해주며 훗날 왕타오의 사업을 물심양면으로 도와주는 조력자이자 버팀목이 되었다. 해외시장에서 국내시장으로 전환할 시점이나 농업용 드론 시장의 확대 등 기술의 상업화에도 많은 조언을 해주었다. 왕타오는 지금까지도 사업 초기 어려운 시기에 리쩌샹 교수가 없었다면 버티지 못했을 것이라고 공개적으로 말한다.

리 교수는 왕타오에 대해 "그가 남들보다 똑똑한지는 모르겠습니다. 그러나 성적이 우수하다고 일을 잘하는 것은 아닙니다."라며 그의 사업적 능력을 칭찬한다. DJI 지분의 10퍼센트를 가지고 있는 리 교수는 또 "우리는 모두 큰돈을 벌었지만, 일상생활에는 변화가 없습니다."라고도 말했다. 여전히 연구에 매진하고 있다는 의미다.

왕타오는 대학원을 다니는 한편, 졸업작품을 함께 연구했던 동기생 두 명과 함께 중국 선전의 한 잡지사 창고 사무실에서 사업을 시작했다. 당시 그의 나이 26세였다. 남자 셋이 겨우 들어갈 만큼 작은 공간이었다. 선전은 홍콩과 맞닿아 있는 곳으로 무엇보다 저렴한 비용으로 부품을 구하기가 쉬웠다. 크고 작은 공장들이 많아 시제품을 빠르게 만들 수도 있었다. 지금은 DJI의 성공 스토리에 고무된 많은 청년들이 이곳을 찾아 드론 사업에 뛰어든다. 중국 전체 드론 업체의 약 75퍼센트에 해당하는 300개 이상의 스타트업이 이곳 선전에 있다.

로봇대회에서 받은 상금과 대학원 장학금을 밑천으로 사업을 시작한 왕타오는 모형헬기 원격조종 기술을 핵심으로 사업을 펼쳐나가기 시작했다. 사무실의 간이침대에서 자고, 만두 몇 개로 끼니를 때우며, 매주 80시간 이상 일에 몰두했다. 그는 좋은 아이디어가 떠오르면 밤 11시에도 동료들에게 전화를 걸어 당장 회의를 소집했다. 견디다 못한 동료들은 밤이면 휴대전화를 꺼놓거나 전화를 받지 않기도 했다. 친구들이 불만을 토로하자 그는 사무실 문 앞에 "머리만 가져오고 감정은 두고 올 것"이라는 문구를 써 붙였다. 동료들이 자신처럼 일에만 집중하기를 바랐기 때문이다.

성공을 하기 위해서는 무엇보다 본인이 좋아하는 일을 찾아야 한다. 그리고 그 일에 미쳐야 한다. 미치면 몰입하게 되고,

몰입하면 완성도 높은 결과물을 얻게 된다. 습관처럼 매일 몰입하다 보면 자기도 모르는 사이에 어느 날 성공의 문턱에 서 있는 자신을 발견할 것이다. 성공의 불씨는 왕타오처럼 본인이 미칠 만큼 좋아하는 일이 무엇인지 찾는 것에서 시작된다.

완벽주의가
최고를 만든다

왕타오의 '까칠한' 성격은 일에 대해 완벽주의를 추구하는 성향과 무관하지 않다. 그리고 상대방에게까지 완벽주의를 요구하면서 서로 부딪히는 경우가 많았다.

사업 초기 기술적으로 해결해야 할 문제들이 산더미 같았다. 많은 것들이 정량화되어 있지 않던 시절이었다. 지루하고 끝없는 실험을 통해 나름의 표준을 하나씩 만들어나가야 했다. 예를 들어 모형헬기의 흔들림을 최소화하는 한 가지 방법을 찾기 위해 50여 가지 방법으로 실험을 반복하는 식이었다. 실험과 측량의 끝없는 반복이었다. 한 가지의 정확한 방법을 알아내기 위해 그는 사람들을 무척이나 힘들게 했다. 시도 때도 없이 실험을 요구했고, 측량 결과를 빨리 알고 싶어 했다. 한 치의 오차라도 있으면 그 실험은 의미 없는 것이 되었다. 그만큼 완벽해야 했다.

한 대의 모형헬기를 만드는 데 수백 개의 나사가 필요했다.

어떤 나사는 꽉 조여야 하고, 어떤 나사는 느슨하게 조여야 하고, 또 어떤 나사는 중간 정도의 힘으로 조여야 했다. 왕타오는 모든 나사의 조임 정도를 손가락 감각으로 알아냈다. 나사에 사용되는 아교도 달라야 했다. 어떤 때는 강력한 접착제를, 어떤 때는 아주 부드러운 접착제를 사용했다. 모형헬기 한 대에 들어가는 수백 개 나사의 정밀도를 맞추기 위해 그는 모든 감각을 날카롭게 세우고 정확하고 세밀하게 작업했다. 이런 완벽주의 성향에 동료들은 경외감을 가지면서도 그들에게도 똑같이 그런 엄격한 잣대를 들이밀 때는 힘겨워했다.

결국 동료들은 회사 설립 2년 만에 모두 떠나고 만다. 보이지 않는 끝을 향해 전력질주하는 데 지쳤고, 그의 집요함에 넌더리가 났다. 그와 함께하는 직원들은 오래 버티지 못했다. 직원들의 이탈을 막기 위해 입사 시 근로계약서에 입사 후 3년이 되기 전에 퇴사할 경우 3만 위안(약 500만 원)의 벌금을 내야 한다는 조항까지 넣었지만, 3만 위안을 내고 퇴사하는 직원도 있었다. 친구들은 완벽한 결과물을 요구하면서 일만 많이 시키고 회사 지분은 나눠주지 않는다며 불만을 품고 떠나버렸다.

이 일에 대해 왕타오는《포브스》와의 인터뷰에서 이렇게 말했다.

"사업 초기 가장 어려웠던 점 중 하나는 동료들과의 갈등이었습니다. 당시 창업 동료들은 동등한 지분을 요구했지만, 나는 일을 많이 한 사람이 더 많은 지분을 가져야 한다고 생각했습니다. 그리고 친구들은 지분을 다른 사람에게 양도해도 되는지 묻기도 했는데, 나는 그들에게 그것보다는 지분을 더 가지려고 노력해야 한다고 말했습니다."

그는 동료들이 회사에 더 많은 관심을 가지고 집중하기를 원했다. 모든 열정과 에너지를 온전히 회사에 쏟기를 바랐다. 그는 모든 직원에게 자기처럼 일에 몰입할 것을 요구하는 까칠한 성격의 완벽주의자였다.

왕타오 스스로도 자신이 완벽주의자임을 인정한다. 2015년 4월, 뉴욕에서 개최된 '팬텀 3Phantom 3' 신제품 발표회에 그는 참석하지 않았다. 그가 상상했던 것보다 완벽하지 않다는 것이 불참 이유였다. 그는 쉽게 만족하지 않는다. '이만하면 됐어'라는 너그러움은 없다. 끝없이 완벽함을 추구한다. 그가 1년에 한 번《포브스》와만 인터뷰를 하는 것도 인터뷰에 낭비할 시간이 없어서이다.

이처럼 제품의 완벽성을 추구하는 성격은 애플의 스티브 잡스를 떠올리게 한다. 스티브 잡스는 보이지 않는 내부 부품의 배열까지도 깔끔해야 한다고 잔소리를 하곤 했다. 그의 집요함에 화가 난 한 개발자가 누가 PC 안까지 들여다보냐며 반박하자 잡스는 "내가 본다. 케이스 안도 아름다워야 한다."라고 대답하면서 "위대한 목수는 아무도 안 본다고 해서 장롱 뒷면에 형편없는 나무를 쓰지 않는다."라고 덧붙였다.

물론 매사에 완벽할 필요는 없다. 그러나 제품에 대해 완벽을 추구하는 정신 없이는 세계 최고의 제품을 만들 수 없다.

격식을 파괴하고
창의적 인재에게 기회를 주다

2012년 왕타오가 360도 회전 카메라에 대한 문제를 고민하고 있을 때였다. 회의 중 당시 대학생이던 인턴 천이치陳逸奇가 자신의 의견을 피력했다. 그 방안에 관심을 보인 왕타오는 인턴임에도 천이치를 전폭적으로 지원했다. 100여 명의 연구진을 꾸리고, 수천만 위안의 연구개발금을 사용할 수 있도록 한 것이다. 그리고 전권을 부여했다. 그로부터 2년 후 DJI는 360도 회전 HD 카메라 기능을 탑재한 드론을 출시했다. 인턴의 진두지휘로 만들어진 제품이었다.

이 일을 계기로 그는 조직문화 개혁에 나섰다. 2015년 초 "열정을 가지고 최고를 추구하여 완전무결한 제품을 만든다激極盡志, 求眞品誠"라는 슬로건을 기업 비전으로 삼고, R&D 센터에 경쟁시스템을 도입한 것이다. 이는 연구원의 직급이 무엇이든, 입사한 지 얼마가 되었든 아이디어만 있으면 누구든 기획안을 제출할 수 있고, 질의응답에 통과하면 팀을 구성하여 제품을 만들 수 있는 제도이다. 제품 혁신을 위해서는 조직 혁신이 수반되어야 한다고 믿었기 때문이다.

인텔에서도 창의적 아이디어를 가진 비정규직 인턴에게 기회를 주어 드론 사업의 새로운 영역을 개척한 사례가 있다. 바로 '드론 라이트 쇼Drone Light Show'이다. 인텔은 2018년 평창 동계올림픽 때 선보인 드론 쇼를 비롯해 CES, 코카콜라, 디즈니랜드 등 각종 대형 행사를 기획하고 성공시켰다.

전 세계가 주목하는 이 드론 이벤트를 기획하고 만든 사람은 나탈리 청Natalie Cheung이다. 그녀는 MIT에서 전기공학 및 컴퓨터과학으로 석사학위를 취득한 후 인텔에 인턴으로 입사했다. 인텔이 드론 회사인 어센딩 테크놀로지Ascending Technologies를 인수할 무렵, 그녀는 연구조교였다. 그녀는 당시 인텔의 CEO였던 브라이언 크르자니크Brian Krzanich와 회사 복도에서 우연히 만나 나눈 대화를 잊지 못한다고 말한다. 그녀는 크르자니크에게 인텔 빌딩 앞에서 100대의 드론을 동시에 날린다면 멋지겠다고 말했는데, 비정규직 인턴사원이었던 그녀에게 그 일이 맡겨진 것이다.

인텔은 나탈리 청이 일을 주도적으로 진행할 수 있도록 전폭적으로 지원했다. 100대의 드론이 동시에 비행하는 쇼를 네 차례 진행한 후 그녀는 정규직으로 전환되었다. 비정규직 신분으로 반짝이는 아이디어와 추진력으로 회사에서 당당하게 인정받고 '드론 라이트 쇼'라는 기존에 없던 새로운 분야를 개척한 그녀는 지금 인텔 드론 쇼의 총 책임자이자 '드론의 여왕'으로 불린다.

미래학자 토머스 프레이Thomas Frey에 의하면, 2030년이 되면 10억 대의 드론이 하늘을 날아다니게 될 것이다. 그의 말대로 수많은 드론이 충돌하지 않고 동시에 날아다닐 수 있으려면 정확하고 치밀한 컴퓨터 시스템이 필수적이다. 그래서 인텔은 드론 라이트 쇼에서 한 명의 드론 파일럿이 한 대의 컴퓨터로 수천 대의 드론을 동시에 조종한다는 점을 강조한다.

인텔의 최종 목표는 물류용 드론 시장을 장악하는 것으로, 물류용 드론 시스템을 운용하고 물류용 드론 제작을 연구 중이다. 그런 최첨단기술을 인텔이 보유하고 있다는 사실을, 한명의 인턴 직원 덕분에 전 세계에 자연스럽게 홍보할 수 있게된 셈이다.

파괴적 혁신을 실현하는 데 격식과 학벌은 중요하지 않다. 오직 실력이 중요할 뿐이다. 실력만 있다면 그가 정규직이든 비정규직이든, 혹은 직급이 높든 낮든 그런 것은 중요하지 않다. 진짜 실력 있는 사람을 인정하고, 실력자만 살아남는 것이 중국의 젊은 부자들이 사는 세상의 법칙이다.

유연하게 사고하라

마윈은 '커브 길을 만나면 추월하기보다는 길을 바꿔 질주할 줄 아는' 유연한 사고를 강조한다. 커브 길에서 추월하려다 보면 십중팔구 넘어질 가능성이 크고 성공 확률이 낮다. 반면 새로운 길로 바꿔서 질주하면 성공 확률이 높다는 것이다. 빠르게 변화하는 4차 산업혁명 시대에는 길을 바꿔 대응할 수 있는 유연한 자세가 필요함을 강조한 말이다.

왕타오 역시 길을 바꿀 줄 아는 유연한 사고로 성공했다. 그가 처음부터 드론을 연구한 것은 아니었다. 그의 꿈은 모형헬기를 상공에서 마음대로 조종하는 것이었다. 회사를 차린 후에도 그랬다. 20여 명의 직원을 둔 모형헬기 회사가 되는 것이 그의 비전이었다. 헬기 연구에만 몰두하던 그가 드론으로 길을 바꾸면서 세계적인 부자가 될 줄 스스로 예상했을까? 그의 핵심 연구 분야는 공중에 떠 있는 비행체를 제어하는 시스템이었다. 본질적으로는 같지만 겉옷만 바뀐 셈인데, 그 결과는 하늘과 땅처럼 큰 부의 차이를 가져왔다.

그가 모형헬기에서 드론으로 길을 바꾼 것은 미국의 한 사업가의 말 때문이었다. 그 사업가는 항공촬영 영상 제작 작업을 하던 중 흔들림 없이 촬영할 수 있는 방법을 찾고 있었다. 왕타오의 비행 제어 시스템에 관심을 보인 그는 비행 제어 시스템을 구매하는 사람의 90퍼센트가 드론을 사용한다며 드론이 헬기보다 큰 시장이라고 조언했다.

왕타오는 그의 말을 흘려듣지 않았다. 자신의 기술력이 빛을 발할 수 있는 곳은 모형헬기가 아니라 드론 영역이라는 것을 깨닫는 순간이었다. 그리고 그는 이후 여러 개의 프로펠러가 달린 드론으로 과감하게 길을 바꾼다. 큰 변화의 흐름을 읽고 그 속에서 다른 길로 갈아탄 것이다. 직선적 사고로 한 길만 가는 사람은 가던 길이 없어지면 주저앉을 수밖에 없다. 그러나 유연한 사고를 하는 사람은 다른 길을 모색할 줄 안다.

원래 드론은 군사적 목적, 즉 정찰용으로 사용되었다. 왕타오가 드론 시장에 관심을 갖기 시작할 때는 민간용 드론이 막

개발되기 시작하던 초창기였다. 당시 미국에서도 드론 시장의 규모는 아주 작았다. 드론 마니아층과 특수 항공촬영이 필요한 전문가들만 사용하는 정도였다. 그는 많은 사람들이 드론을 날리도록 만들고 싶었다. 누구나 쉽게 사용할 수 있는 드론이 필요했다.

그는 모든 드론이 DIY 조립형이라는 점에 주목했다. 가방에 드론 부품을 넣고 다니다가 필요할 때마다 꺼내어 조립하는 식이었다. 이런 번거로움을 개선하면 어떨까? 모험이 필요했다. 그래서 그는 조립할 필요 없이 포장 상자를 열면 하늘에 바로 날릴 수 있는 일체형 드론을 개발했다. 과연 시장에서 먹힐까 하는 두려움도 컸지만 과감하게 밀고 나갔다. 결과는 대성공이었다. 전문가의 영역으로만 여겨졌던 드론이 이제 누구나 쉽게 도전할 수 있는 취미용품이 되었다. DJI는 드론의 저변을 확대하는 데 큰 역할을 했다. 그리고 세계 민간용 드론 시장을 리드하는 선두주자가 되었다. 이것이 2012년 개발된 팬텀1이다.

DJI 드론의 첫 번째 혁신이 일체형 드론 개발이었다면, 두 번째 혁신은 분리된 카메라를 장착하던 기존의 드론과 다른 카메라 일체형 드론을 개발한 것이었다. DJI는 현재 칩과 같은 특수 부품 외에는 카메라를 포함한 모든 부품과 기술을 자체 보유하고 있다. 특히 비행 중 발생하는 흔들림을 방지하는 짐벌 장치는 항공촬영에 최적화되어 있다. 왕타오가 대학 때부터 시작한 연구 덕분이다. DJI의 카메라 일체형 드론은 업계 최고의 성능을 자랑하며 할리우드를 비롯한 영화, 방송, 지도제작, 교통 등 다양한 산업군에서 활용되는 최고의 브랜드가 되었다. DJI는 이후에도 장애물 회피, 지능비행 등 인공지능 알고리즘을 활용한 기술 혁신을 계속하면서 독보적인 업계 1위를 달리고 있다.

빠르게 변화하는 세상에서 유연한 사고는 더욱 힘을 발휘한다. 상황이 빠르게 변하는 만큼 신속한 대처 능력이 필요하기 때문이다. 오늘 성공한 비결이 내일은 실패의 이유가 될 수 있다. 변화의 물결을 빨리 읽고 그 변화에 맞게 유연하게 대처하는 것은 중국 젊은 부자들의 필수 덕목이다.

왕타오 汪滔

1980년	저장성 출생
2000년	화동사범대학 전자학과 입학
2003년	홍콩과학기술대학 전자컴퓨터공학 편입
2006년	DJI 창업
2006~2011년	홍콩과학기술대학 석사
2016년	《포브스》 '글로벌 게임 체인저' 선정
2017년	《포브스》 '세계 테크 부문 부자 순위'에서 자산 32억 달러로 76위
2019년	《포브스》 '세계 억만장자 순위'에서 자산 54억 달러로 325위

제2장

15초 동영상으로 세계를 흔든 장이밍

바이트댄스(틱톡) 창업자

인스타그램, 유튜브 등 동영상을 공유할 수 있는 SNS가 젊은 층을 중심으로 자리 잡은 가운데 15초짜리 영상 앱인 '틱톡'이 세계적인 붐을 일으키고 있다. 틱톡은 '지루해지기 시작하는 시간'인 15초를 노린 앱이다. 2018년 앱스토어 다운로드 1위를 차지했고, 틱톡을 개발한 스타트업은 우버를 제치고 기업가치 750억 달러로 세계 1위 슈퍼 유니콘 기업에 등극했다. 이 스타트업이 바로 중국의 바이트댄스字節跳動다. 바이트댄스는 산하에 뉴스 앱 '진르터우탸오今日頭條', 쇼트 클립 앱인 '틱톡'을 비롯한 다양한 앱 서비스 브랜드를 가지고 있다.

바이트댄스를 설립한 장이밍張一鳴은 1983년생으로 중국의 순수 토종 국내파 컴퓨터 엔지니어이다. 어려서부터 신문광,

독서광이었던 그는 인공지능을 이용한 개인 맞춤형 뉴스 큐레이션 서비스인 진르터우탸오를 개발해 주목받기 시작했다. 진르터우탸오의 사용자는 현재 7억 명에 달한다. 그리고 2016년 서비스를 시작한 틱톡은 현재 다운로드 10억 건을 돌파하고 월 활성 사용자가 5억 명에 이르며 150여 개 국가에서 75개 언어로 서비스되는 글로벌 어플리케이션으로 성장했다.

장이밍은 회사 설립 1년 만인 2013년 《포브스》 선정 '중국 30세 미만 창업자 30인', 《포춘》 선정 '중국 40세 이하 기업 영웅 40인'에 포함돼 비즈니스계에 파란을 일으켰다. 그리고 2019년에는 《포브스》가 발표한 '세계 억만장자 순위'에서 자산 162억 달러로 70위를 기록했다.

독서를 통해 시대의
흐름을 읽는 힘을 키우다

어릴 적 장이밍은 신문광이자 독서광이었다. 그는 광적이라고 할 정도로 정보에 집착했다. 중학교 때에는 지역신문부터 《인민일보》까지 매주 20~30개의 신문을 한 글자도 빼놓지 않고 읽을 정도로 신문 읽기를 좋아했고, 대학 때는 4년 내내 도서관에서 살다시피 하면서 책을 읽었다. 국내외에서 발행되는 신문과 잡지는 물론, 분야를 가리지 않고 다양한 종류의 책을 섭렵했다.

그는 가장 읽을 가치가 있는 책으로 교과서와 자서전을 꼽는다. 교과서는 인간의 지식을 체계적으로 가장 잘 설명한 책으로 핵심 내용을 이해하는 데 기본이 되기 때문이고, 자서전이나 위인전은 다른 사람의 살아온 이야기를 통해 간접경험을 할 수 있기 때문이다. 장이밍은 이 간접경험을 통해 시류를 읽는 안목을 키웠고, 한 분야에서 원하는 결과를 얻을 때까지 오랜 시간을 참고 견디는 인내심이 필요하다는 것도 배웠다. 인터넷이 없던 시절 그는 책을 읽음으로써 많은 지식과 지혜를 얻고 통찰력을 키웠다.

책을 통해 얻은 통찰력으로 장이밍은 스마트폰이 처음 등장했을 때 앞으로 거대한 변화가 있으리라는 것을 예감했다. 그리고 그 흐름에 올라타기로 결심했다. 2007년 애플이 처음 아이폰을 출시했을 때 그는 충격을 받았다. IT 업계에서 엔지니어로 일하던 그에게 웹사이트가 주머니 속으로 들어간다는 발상은 충격적일 정도로 놀라웠다. 모바일에 운영체제를 설치한다니!

스마트폰 시대에 접어들면서 SNS가 활기를 띠자 그는 다니던 마이크로소프트를 그만두고 동향 친구인 왕싱(음식 배달 서비스 앱 메이퇀美团 창업자)의 요청으로 기술협력 파트너로서 중국판 트위터인 '판포우飯否'를 만들었다. 반응은 좋았다. 휴렛팩커드가 최초의 기업 사용자가 되었고, 유명인사들도 줄지어 가입하면서 몇 개월 만에 100만 명의 가입자 수를 기록했다. 그러나 2009년 '인터넷 정비의 날' 이후 정부 조치로 사이트는 폐

쇄되고 말았다. 현재 중국에서 많이 사용하는 '시나 웨이보'를 비롯한 다양한 SNS 채널들은 그 이후에 생겨난 것들이다.

이후 그는 부동산 검색 엔진 '지우지우팡九九房'을 만들었다. 반응은 폭발적이었다. PC 버전으로 중국 부동산 정보 3대 사이트, 모바일 버전으로는 독보적인 1위 업체가 되었다. PC에서 모바일로 넘어가던 시기에 기회를 포착해 시장을 선점했기 때문이다. 앞서 SNS '판포우' 사업을 할 때보다 사람들의 모바일 전환 비율이 훨씬 빠르다는 것을 체감할 수 있었다.

장이밍은 2011년을 이렇게 기억한다. "연초만 해도 전철에서 신문을 읽는 사람들이 제법 있었는데, 연말에는 신문 읽는 사람들이 사라졌다." 2011년은 중국의 스마트폰 출하량이 최고 정점을 찍었던 시기로, 그 이전 3년 동안의 출하량을 모두 합친 것과 맞먹는 수준이었다. 그는 이것을 '정보 보급 매체의 혁명'이라고 생각했다. 걸어 다니면서 모든 정보를 얻을 수 있는 시대가 온 것이다. 앞으로는 주요 정보 전달 매체로 스마트폰이 종이 매체를 대신할 것이라고 판단한 그는 PC 인터넷에서 모바일 인터넷 시대로 옮겨가는 변화의 물결을 재빠르게 감지했다.

그리고 변화의 물결에 따라오는 다양한 현상들을 관찰하면서 사업 아이디어를 구상했다. 마크 저커버그가 사람과 사람을 연결하는 페이스북을 만들고 트래비스 캘러닉이 사람과 자동차를 연결하는 우버를 설립한 것처럼, 그는 사람과 정보를 효율적으로 매칭시키는 일을 하기로 했다. 그래서 탄생한 것이 진르터우탸오 뉴스 앱이다.

스마트폰이 많은 변화를 가져올 것이라는 장이밍의 혜안은 정확했다. 2011년 이후 5년 동안 상장기업들의 시가 총액 순위가 애플을 비롯한 IT 기업들로 바뀌었고, 상위 5개 IT 기업들의 평균 자산 가치는 이전보다 10배나 늘었다. 인터넷 보급 속도는 더욱 빨라졌다.

장이밍은 자신이 이런 시대적 변화의 흐름 속에서 기회를 찾은 것도 책을 많이 읽음으로써 키워진 감각 때문이라고 말한다. 일반적으로 사람들은 큰 변화에 직면해 있을 때에는 그것이 얼마나 큰 변화인지 알지 못하고, 그 변화가 지나간 후에야 비로소 그것이 큰 변화였음을 인지한다. 거대한 변화의 파도 속에서 사람들의 생활이 어떻게 변화할지 남들보다 먼저 보고 싶다면 책을 통해 큰 변화의 흐름을 읽고 기회를 포착하는 방법을 간접 경험하라는 조언이다.

괴짜가 세상을 바꾼다

장이밍은 괴짜였다. 대학 입학 지원서를 5분 만에 썼다. 대학 선택 기준이 명확했기 때문이다. 그는 네 가지 조건만 충족하면 된다고 생각했다. 첫째, 남녀성비가 비슷한 학교였다. 여자 친구를 사귈 확률이 높아지기 때문이다. 둘째, 바다와 가까워야 했다. 신선한 해산물 요리를 좋아하기 때문이다. 셋째, 집과 멀어야 했다. 독립적이고 자유로운 대학 생활을 원했기 때문이다. 넷째, 겨울에 눈을 볼 수 있어야 했다. 남방 지역인 푸젠성에서 자란 그는 눈을 본 적이 없었기 때문이다. 그가 처음으로 눈이 오는 것을 보고 흥분하는 모습에 친구들이 놀랐다는 에피소드도 있다. 이 네 가지 조건을 모두 충족하는 학교가 바로 텐진의 명문대학인 난카이대학이었다.

학과도 두 차례나 바꾸었다. 처음에는 생물학과를 선택했다. 고등학교 때 베이징대학 교수가 쓴 《보통생물학》이라는 책을 인상적으로 읽은 영향이었다. 장이밍은 세포로부터 생태계에 이르기까지 다양한 종이 있는 생물의 세계를 지배하는 규칙이 의외로 상당히 단순하다는 점에 매료되었다. 이것은 훗날 복잡한 컴퓨터 설계 시스템이나 기업 경제 시스템을 단순화하여 생각하는 데 도움이 되었다.

입학하고 얼마 지나지 않아 장이밍은 전공을 평소에 관심이 있던 전자공학으로 바꾸었다. 그런데 기대와는 달리 이론을 배운 후 실제로 만들어서 그것을 구현해볼 기회가 거의 없었다. 1년 동안 계속된 실험에서도 아무런 결과를 얻을 수 없자 그는 컴퓨터로 관심을 돌렸다. 컴퓨터 수업은 바로 반응을 볼 수 있어서 좋았다. 아이디어만 있으면 직접 구현해 바로 결과물을 확인할 수 있었다. 학생 신분이어도 제품을 만들어 사용자에게 공개할 수 있다는 점도 매력적이었다. 그래서 소프트웨어공학으로 다시 전과했다. 중간에 경영학 수업도 들었다. 대학에서 경험한 이런 다양한 공부는 창업에 큰 도움이 되었다.

장이밍의 독창적인 아이디어는 회사 운영에도 반영되었다. 예를 들어 바이트댄스는 회사에서 도보로 20분 이내의 근거리에 살면 매달 1000위안(약 17만 원)의 주택 보조금을 제공했다. 회사에서 하루에 세 끼의 무료 식사를 제공했는데, 주방장에게 스톡옵션을 주기도 했다. 밖으로 나가서 식사를 하면 최소 한 시간이 걸리는데, 회사 내부에서 먹으면 20분이면 충분했다. 밥을 먹으면서 일에 대해 이야기도 할 수 있으니 일석이조였다. 주방장은 본인이 주주가 되었기 때문에 직원들이 기운을 내서 열심히 일할 수 있도록 맛있는 식사를 제공하기 위해 노력했다. 장이밍은 지금도 스타트업을 하는 사람들은 길에 버릴 시간이 없다며 최대한 사무실에서 시간을 써야 한다고 말하곤 한다.

성공한 기업가 중에는 괴짜가 많다. 남들과 다른 시각을 가졌기 때문이다. 세상을 다른 시각에서 보라는 의미에서 신입 사원 면접 때 물구나무서기를 주문하는 마윈, 인류를 화성에 이주시키겠다는 화성 식민지 프로젝트를 계획 중인 엘론 머스크, 기부를 위해 매년 한 끼의 점심식사를 경매에 올리는 워렌 버핏 모두 독특한 아이디어의 소유자들이다.

버진 그룹의 설립자인 리처드 브랜슨 역시 남들과 다른 생각을 하는 기업가로 대표적인 괴짜로 불린다. 그는 선천적 난독증으로 글을 읽거나 쓰는 것이 힘들다. 학교 수업을 따라갈 수 없어 열다섯 살 때 학교를 그만두었다. 그러나 인생까지 포기하지는 않았다. 난독증인 그가 첫 사업으로 선택한 것은《스튜던트Student》라는 학생 잡지 발간이었다. 글을 쓰거나 편집하는 능력은 없었지만 유명인사들을 끈질기게 설득해 인터뷰를 성사시켜 잡지는 큰 성공을 거두었다.

브랜슨은 투자자에게 회사 지분을 나눠주기도 했지만 주식 대부분을 다시 매입했다. 주주들의 비위를 맞추고 경영성과를 보여주기 위해 일하고 싶지 않았기 때문이다. 이처럼 교과서적인 경영 원칙을 무시했기에 우주여행과 같은 혁신적 사업에 몰두할 수 있었을지도 모른다.

브랜슨이 회사를 이끌어가는 방식도 파격적이었다. '버진'이라는 회사를 알리기 위해 목숨을 걸고 열기구를 타고 세계 일주에 나서는가 하면, 모터보트를 타고 대서양을 건너기도 했다. 이런 그의 돌출 행위는 전 세계에 뉴스가 되었고, 마케팅은 성공적이었다. 이처럼 부자들은 남들과 다른 관점으로 세상을 보고, 독특한 아이디어로 그들만의 성공법칙을 만들어간다.

장이밍은 "다른 사람의 핵심 영역과 경쟁하지 말라."라고 말한다. 같은 것을 보더라도 다른 관점으로 보면 결과가 달라진다는 의미이다. 습관적 사고를 벗어나, 남들의 관점에서 경쟁하지 말고 내가 믿는 방식대로 세상을 바라보는 것이 부자가 되는 첫걸음이다.

혁신으로 기존의
시장 질서를 무너뜨리다

장이밍의 대학 생활은 독서와 코딩, 컴퓨터 수리로 가득 차 있었다. 학교에서 학생들의 컴퓨터 설치와 고장 수리로 제법 돈도 벌었고, 코딩을 잘하기로 유명했다. 첫 직장으로 신생회사인 여행 정보 검색 서비스를 제공하는 쿠쉰에 들어간 것도 그의 뛰어난 코딩 실력을 안 선배의 요청 때문이었다. 그는 그곳에서 차세대 검색엔진을 개발했는데, 이 경험은 훗날 진르터우탸오를 개발하는 기술적 기반이 되기도 했다.

하루는 고향 집에 가려고 기차표를 예매하려는데 표가 없었다. 그렇다고 종일 예매 사이트만 들여다보고 있을 수도 없는 일이었다. 그는 기차표를 사기 위해 직접 검색엔진을 만들었다. 원하는 날짜, 시간, 지역을 저장하면 일정 간격으로 웹사이트를 자동 검색하여 취소한 표가 검색되면 알림을 보내주는 시스템이었다. 1시간 동안 만들어 30분 만에 기차표를 구매할 수 있었다. 이 경험으로 그는 사용자가 원하는 정보를 맞춤형으로 제공하는 추천 엔진을 활용하면 정보를 효율적으로 배포하는 것이 가능할 것이라는 생각을 하게 됐다.

인공지능을 활용한 개인 맞춤형 콘텐츠 추천은 정보의 홍수 속에서 피로감을 느끼는 소비자에게 하나의 솔루션이 될 수 있었다. 신문광이던 그는 이런 기능을 뉴스에 도입하기로 했다. 성별, 연령, 직업, 지역 등 개인정보와 SNS 계정 분석을 통해 사용자의 관심사를 알아낸 뒤 사용자가 인터넷에서 검색한 내용을 중심으로 클릭 수, 각 페이지에 머무는 시간, 공유, 추천 등의 정보를 종합적으로 분석하여 사용자가 관심을 가질 만한 뉴스를 수집, 분류해 보여주는 모델이었다.

장이밍은 이렇게 만들어진 진르터우탸오의 정체성을 '언론사가 아닌 미디어의 속성을 가진 IT 회사'로 규정했다. 빅데이터와 알고리즘을 기반으로 한 뉴스 앱이라는 뜻이다. 지금은 이런 방식이 한국에서도 보편화되었지만 진르터우탸오 설립 당시인 2012년만 해도 인공지능 뉴스 큐레이션 서비스는 획기적인 것이었다.

사용자가 이 서비스에 열광한 것은 인위적으로 편집하지 않는 최초의 뉴스 앱이라는 점 때문이었다. 신문광이던 장이밍이 매일 수십 개의 신문을 읽으면서 깨달은 것은 "세상은 다원적이기 때문에 누가 옳고 누가 그른지를 판단하기란 어렵다."라는 것이었다. 그래서 그는 편집자나 운영자의 시각이 반영되는 편집 기능을 과감히 없애고 독자 스스로 판단하도록 했다. 아무리 중요한 사건이라도 사용자가 중요하게 생각하지 않으면 헤드라인이 될 수 없다. 앱 이름 '진르터우탸오'의 '진르今日'는 '오늘', '터우탸오頭條'는 '헤드라인'을 뜻하는데, 각자가 중요하게 생각하는 헤드라인이 다르다는 의미를 내포하고 있다. 사용자가 정보를 취하는 데 있어 누군가의 가치관이 개입되어서는 안 된다는 것이 장이밍의 결론이었다.

온전히 사용자 중심의 인공지능 뉴스 큐레이션 서비스는 기존의 전통적인 미디어산업의 속성을 완전히 깨뜨렸다. 사람들은 열광했다. 진르터우탸오는 2018년 말 기준으로 설립 6년 만에 가입자 7억 명을 돌파하며 미디어업계를 뒤흔들었다.

혁신적 창업자는 파괴적 기술이나 서비스로 기존의 시장 질서를 무너뜨리고 시장을 재편한다. 가장 대표적인 사례 중 하나가 블록버스터를 무너뜨린 넷플릭스다. 블록버스터는 1990년대 미국 최대의 비디오 대여 체인업체로 시장을 독식하고 있었다. 블록버스터의 사업구조는 영화 비디오테이프를 빌려주고, 정해진 기간 동안 반납하지 않으면 연체료를 부과하는 형식이었다.

넷플릭스 설립자인 리드 헤이스팅스는 비디오테이프 하나를 연체하는 바람에 40달러라는, 비디오테이프의 가격보다 비싼 연체료를 내야 해 화가 났다. 이것이 사업 시작의 계기가 되었다. 그는 월정액을 내고 영화 DVD를 집으로 배송해주는 새로운 아이디어로 1998년 사업을 시작했다. 대여한 영화 DVD는 넷플릭스에서 제공하는 봉투에 넣어 우체통에 넣기만 하면 반납이 완료된다. 우편 배송료는 넷플릭스가 우체국과 직접 계산했다. 반응은 좋았다. 그리고 그는 여기에서 멈추지 않고 디지털 환경 변화에 재빨리 편승했다. 오늘날의 넷플릭스를 있게 한 온라인 스트리밍 서비스라는 새로운 비즈니스 모델을 만든 것이다.

인공지능을 활용, 고객의 취향, 선호도, 시청 시간대 등을 종합적으로 고려해 개인 맞춤형 콘텐츠 추천 서비스를 제공하는 등 넷플릭스의 혁신은 계속되었다. 이렇게 쌓인 데이터를 이용해 사람들이 좋아하는 배우, 감독, 내용을 분석하고, 그를 바탕으로 영화, 드라마 등의 다양한 콘텐츠도 제작하고 있다. 끊임없는 혁신으로 기존의 시장구조와 산업의 경계를 허물고 있는 넷플릭스는 디지털 시대 혁신의 대표적인 아이콘이다.

블록버스터는 온라인 스트리밍 서비스라는 변화에 적응하지 못해 사라졌고, 코닥은 디지털카메라를 최초로 개발하고도 디지털 세상의 변화 속에 혁신하지 못해 몰락했다. 노키아는 한때 전 세계 휴대전화 시장의 40퍼센트를 점유했지만, 스마트폰의 혁신적 흐름을 따라가지 못해 주저앉았다. 영원한 기업은 없다. 시대의 변화를 빠르게 읽고 혁신하는 기업만이 살아남는다. 곳곳에서 젊은 스타트업들이 새로운 강자로 부상하는 것도 이들이 시대의 흐름에 맞는 혁신적 아이디어를 창출하기 때문이다.

회사를 파는 건 영혼을 파는 것

장이밍은 회사를 창업한 지 4년 만에 텐센트로부터 80억 달러의 인수 제안을 받았다. 그러나 그는 한 치의 흔들림도 없었다. 소문이 가라앉지 않자 그는 〈Go Big or Go Home〉라는 노래의 가사를 인용하며 "텐센트의 직원이 되려고 진르터우탸오를 만든 것이 아니다."라고 일축했다. 설령 망하더라도 자신의 길을 가겠다는 의지를 표명한 것이다. 사실 그 이전에 바이두도 100억 달러에 인수 제안을 한 적이 있지만 장이밍은 단칼에 거절했다.

사실 중국에서 IT 관련 사업을 하는 사람들 중 BAT의 벽을 무너뜨릴 수 있다고 생각하는 사람은 거의 없다. BAT로부터 투자를 받거나, BAT의 플랫폼을 사용하거나, BAT와 협력관계를 맺는 등 BAT와 완전히 독립적으로 사업을 하기도 어렵거니와 BAT에 도전한다는 것은 감히 상상조차 할 수 없는 일이다. BAT는 이미 최고의 인재들이 모여 있으며, 투자나 M&A를 통해 수많은 스타트업 중 손을 대지 않은 곳이 없을 정도였다. 이런 상황에서 장이밍의 인수 거절은 BAT에 도전으로 여겨지기 충분했다.

스냅챗을 설립한 1990년생 에반 스피겔도 장이밍과 비슷한 경험을 했다. 설립 2년 만인 2013년 페이스북이 30억 달러, 구글이 40억 달러의 인수 제안을 했지만 거절했다. 다른 SNS들은 채팅 기록이 영구적으로 남는 데 비해 스냅챗은 보낸 메시지와 사진이 일정 시간이 지나면 자동으로 사라지는 휘발성 기능으로 사생활 보호에 중점을 두어 페이스북의 대항마로 불린다.

회사를 왜 팔지 않았느냐는 질문에 에반 스피겔은 "회사를 판다는 것은 꿈이 옳지 않았다는 의미이고, 팔지 않았다는 것은 무언가 의미 있는 일을 하고 있다는 뜻"이라고 대답했다.

그는 평소에도 다른 사람을 위해 일하지 않겠다며 스냅챗을 "영원한 회사로 만들 것"이라고 공언하곤 한다.

에반 스피겔은 스물한 살 때 스냅챗을 만들고 사업에 집중하기 위해 스탠퍼드대학을 중퇴했다. 그리고 모든 열정과 에너지를 스냅챗에 쏟아부었다. 스타트업이 대기업과 가장 다른 점 중 하나가 창업자가 하루 24시간을 오로지 일에만 몰두할 만큼 일에 미쳐 있다는 점이다. 에반 스피겔이 곧 스냅챗이고, 장이밍이 곧 바이트댄스라는 공식이 만들어진 이유다. 이들 젊은 부자들은 자신의 정체성을 자신이 설립한 회사에서 찾는다. 그리고 이런 스타트업들은 돈을 벌겠다는 목적보다는 톡톡 튀는 아이디어로 사용자가 열광하는 무언가를 만들어보겠다는 의지가 강하다.

개발한 제품이나 서비스에 대한 사용자의 반응을 통해 창업자의 정체성은 더욱 강해진다. 이들에게 있어 혼신을 기울인 에너지의 결정체를 대기업에 파는 것은 자신의 영혼을 파는 것이나 다름없는 일이다.

스티브 잡스는 한때 자신이 설립한 회사인 애플에서 쫓겨난 적이 있다. 그것도 본인이 공들여서 영입한 인물에게 말이다. 존 스컬리는 애플의 CEO가 되기 전 펩시콜라에서 마케팅과 판매 능력을 인정받아 CEO까지 오른 인물이었다. 당시 애플은 마케팅 능력을 가진 사람이 필요하다고 판단했고, 스티브 잡스는 존 스컬리를 영입하기 위해 삼고초려도 불사했다. "설탕물이나 팔면서 남은 인생을 보낼 거요, 아니면 나와 함께 세상을 바꾸겠소?"라는 잡스의 말에 존 스컬리는 애플의 CEO가 되었다.

그러나 시간이 지나면서 두 사람의 갈등은 깊어졌고, 스티브 잡스의 모난 성격이 불편했던 이사회 임원들은 만장일치로 그를 회사에서 쫓아냈다. 하지만 임원들의 예상과는 달리 스티브 잡스가 떠난 애플은 힘을 쓰지 못했다. 1997년 1분기에만 7억 달러의 손실이 발생하며 회사 운영까지 어려워지자 이사회는 다시 스티브 잡스를 찾았다. 13년 만에 복귀한 그는 6개월 만에 회사를 흑자로 전환시켰다.

스티브 잡스는 이런 문제의 발생 원인이 회사가 이윤 극대화에만 집착했기 때문이라고 지적한다. 이윤이 있어야 위대한 제품을 만들 수 있기는 하지만, 이윤보다 제품이 우선이라는 것이다. 잡스에게는 혁신적 제품을 만드는 데 주력할 수 있는 회사 분위기를 만드는 것이 최우선이었고, 이윤 추구와 좋은 제품을 만드는 것 중 어디에 더 비중을 두느냐에 따라 회사의 모든 것이 바뀐다고 주장했다.

스티브 잡스의 요청으로 그의 전기를 쓴 월터 아이작슨이 잡스에게 자신이 만들어낸 가장 뛰어난 창조물이 무엇이냐고 묻자 그는 '애플'이라고 대답했다. 그리고 "아이폰이나 매킨토시와 같은 위대한 제품을 만드는 것보다 오래 지속되는 기업을 만드는 것이 훨씬 힘들고 중요한 일"이라고 말했다. 스티브 잡스는 죽었지만, 여전히 사람들은 '애플' 하면 스티브 잡스를 떠올린다. 잡스에게 애플은 그 무엇과도 바꿀 수 없는, 자신의 영혼 그 자체였을 것이다.

글로벌 기업을
꿈꿔라

장이밍은 종종 '구글처럼 국경을 허무는 기업'을 만들고 싶다고 이야기한다. 구글처럼 글로벌 플랫폼을 만들고, 그 툴에 현지화된 콘텐츠를 추가하는 사업모델을 만들겠다는 의미다.

일반적으로 많은 회사들이 글로벌화를 지향한다고 하면서 현지 시장에 적합한 제품을 개발할 부서를 만든다. 그러나 장이밍은 글로벌화된 통일된 플랫폼에 현지 콘텐츠를 넣겠다는 목표를 가지고 있다. 같은 컵에 다른 음료를 담을 수 있는 것처럼, 기술 프레임은 같지만 콘텐츠를 다르게 하겠다는 것이다. 그래서 바이트댄스의 비전도 '글로벌 창조 및 커뮤니케이션 플랫폼'으로 설정했다. 툴을 만들고, 그 안에서 각 나라의 현지인들이 마음껏 놀고 소통할 수 있는 공간을 마련하겠다는 의미다.

진르터우탸오는 2015년부터 미국, 브라질, 일본 등에 해외버전을 출시해 좋은 반응을 얻고 있다. 특히 뉴스 서비스보다 폭발적 반응을 보이는 것은 쇼트 클립 앱인 틱톡이다. 틱톡은 한국에서 초등학생들도 사용할 정도로 인지도가 높지만, 중국 회사가 만든 플랫폼이라는 것을 아는 사람은 많지 않을 정도로 현지화에 성공했다.

2016년 만들어진 틱톡은 15초짜리 동영상을 중독성 강한 빠른 비트에 맞춰 간편하게 촬영하여 공유하는 플랫폼이다. 해외에는 2017년 일본에 가장 먼저 진출했는데, 3개월 만에 앱스토어 판매 1위에 오른 것을 시작으로 세계 곳곳에서 인기몰이 중이다. 2018년 9월에는 미국 앱스토어 월간 다운로드 수에서 유튜브, 페이스북, 인스타그램을 모두 제쳤다. 틱톡은 해외 진출에 박차를 가하는 한편으로 쇼트 클립 콘텐츠 크리에이터를 흡수하기 위해 뮤지컬리 등 해외 M&A에도 적극적으로 나서고 있다. 그리고 현재 150여 개 국가에서 75개 언어로 서비스되며 다운로드 10억 건 돌파, 월 활성 사용자 5억 명이라는 대기록을 가진 글로벌 어플리케이션으로 성장했다.

이제 거대 IT 공룡 BAT나 페이스북 같은 대기업이 오히려 틱톡을 모방하는 모양새다. 틱톡의 인기가 심상치 않자 바이두는 1인 미디어와 파워블로거들이 활동할 수 있는 공간을 만들었고, 텐센트도 1인 콘텐츠 크리에이터를 발굴하는 데 열을 올리고 있다. 페이스북도 10대와 20대 사용자를 잡기 위해 별도의 동영상 앱인 '라쏘Lasso'를 출시했다.

장이밍은 글로벌 트렌드를 정확하게 읽는 능력이 있었다. 그는 업계 변화에 주목해야 한다고 강조한다. 콘텐츠 업계가 제공하는 콘텐츠는 텍스트에서 이미지로, 그리고 동영상으로 변화했다. 또한 사용자는 콘텐츠를 소비하는 데 그치지 않고 크리에이터로서 직접 콘텐츠를 생성하는 시대가 되었다. 구글

이 유튜브를 인수하고, 페이스북이 인스타그램을 인수한 것도
이런 변화의 추세와 일맥상통한다. 틱톡은 전 세계 10대들의
놀이터로 틱톡 광풍을 일으켰다. 드론계의 애플이라고 불리는
DJI에 이어 세계인이 열광하는 또 하나의 중국 브랜드 틱톡을
장이밍이 만들고 있다.

장이밍 張一鳴

1983년	푸젠성 출생
2001년	난카이대학 입학
2006년	쿠쉰酷訊 입사
2008년	마이크로소프트 입사
2009년	중국판 트위터 판포우飯否 기술 파트너 참여
2012년	진르터우탸오 뉴스 앱 출시
2013년	《포브스》'중국 30세 미만 창업자 30인' 선정
	《포춘》'중국 40세 이하 기업영웅 40인' 선정
2016년	틱톡 앱 출시
2018년	진르터우탸오에서 바이트댄스로 모회사 기업명 변경

제3장

기술기업의 자존심을 만든 인치

콩스커지 창업자

중국 베이징대학에서는 학생증을 들고 다니지 않아도 학교 교내 출입과 도서관 및 기숙사의 출입이 가능하다. 안면인식 기술을 교내에 도입했기 때문이다. 일부 지하철역에도 안면인식 시스템이 설치되어 지하철 앱에 본인의 얼굴 이미지와 은행계좌를 등록하면 표를 소지하지 않아도 간편하게 지하철을 이용할 수 있다. 금융, 보안, 범죄 수사 등 안면인식과 관련한 시장도 급속도로 확대되고 있다.

중국은 안면인식 기술 분야의 최강국이다. 미국 상무부 산하 미국표준기술연구소NIST가 2018년 주최한 안면인식 기술 대회에서 인공지능 알고리즘 톱 텐 중 여섯 개의 알고리즘 분야를 모두 중국이 휩쓸었다.

안면인식 기술 분야에서 중국을 대표하는 회사라고 하면 이투 테크놀로지, 센스타임, 쾅스커지曠視科技를 꼽는다. 이 중 쾅스커지는 80허우가 이끄는 가장 젊은 기업이다. 2017년 세계 컴퓨터비전컨퍼런스ICCV에서 구글, 페이스북, 마이크로소프트보다 높은 점수를 획득해 세계 최고의 기술력을 자랑하기도 했다. 2011년 설립된 쾅스커지는 7년 만에 기업가치 10억 달러를 기록하며 세계가 주목하는 유니콘 기업이 되었다.

쾅스커지의 CEO는 1988년생인 인치印奇이다. 그는 2016년 《포브스》에서 '30세 이하 아시아 테크놀로지 기업가 30인'에 선정된 데 이어 2018년에는《MIT 테크놀로지 리뷰》선정 '세계 혁신가 35세 이하 35인' 중 한 명이 되었다.

컴퓨터에 미친 천재들

1988년 안후이성에서 태어난 인치는 어려서부터 신동으로 불렸다. 세 살 때 서예를 배우고, 네 살 때 탁구를 치고, 여섯 살에 축구를 시작했다. 특히 수학과 물리학을 좋아해 중학교 때는 각종 물리 관련 대회에서 상을 휩쓸었다. 운동도 잘했다. 농구, 축구, 탁구를 좋아해 주장을 맡기도 했다. 공부, 운동, 리더십 등 어느 것 하나 빠지지 않는 이른바 '엄친아'였다.

고등학교 2학년 때 '중국의 MIT'로 불리는 칭화대학에 입학했다. 중국 대학은 입학 정원의 5퍼센트 미만에서 특별한 재능이 있거나 뛰어나게 우수한 학생을 선발할 수 있는 제도가 있다. 그런데 칭화대학은 대학 자체 시험을 통과해야 입학이 가능하다. 인치는 고득점으로 칭화대학에 합격해 컴퓨터과학실험반에서 공부했다. 컴퓨터과학실험반 학생 대부분이 인치처럼 고등학교를 졸업하기도 전에 대학에 입학한 수재들이다.

칭화대학 컴퓨터과학실험반은 2005년에 세계 최고의 컴퓨터과학 인재를 육성하겠다는 목적으로 설립되었으며, '컴퓨터과학의 노벨상'이라고 불리는 튜링상을 받은 화교 출신 야오치즈姚期智 교수가 진두지휘하고 있다. 야오치즈 교수는 MIT, 스탠퍼드대학, 프린스턴대학 등에서 수년간 학생들을 가르친 경험을 바탕으로 커리큘럼을 만들었다. 기초지식을 충분히 쌓고, 국제학술교류를 통해 선진기술을 배우고, 실습을 통해 기술을 실용화시킬 수 있도록 설계된 교육과정이다.

인치는 컴퓨터과학실험반에서 이후 운명을 함께하게 되는 중요한 파트너 두 명을 만났다. 쾅스커지의 공동 창업 멤버인 탕원빈唐文斌과 양무楊沐가 그들이다. 인치와 탕원빈은 컴퓨터과학실험반 동기이고, 양무는 1년 후배였다. 탕원빈 역시 고등학교 2학년 때 칭화대학에 입학했고, 초등학생 때부터 무수히 많은 프로그래밍 대회에서 상을 휩쓸었다. 세계에서 가장 권위 있는 컴퓨터 대회인 국제정보올림피아드 대회에 나가 금상을 받기도 했다. 현재 그는 쾅스커지의 CTO(최고기술책임자)이다. 양무도 국제정보올림피아드 대회에서 금상을 받은 이력이 있는 수재로 2018년에는 《포브스》에서 '중국 엘리트 30세 이하 30인'에 선정되기도 했다. 두 사람 모두 인치와 마찬가지로 컴퓨터에 미쳐 있었다. 이들은 "밥을 안 먹고, 잠을 안 자는 것은 괜찮다. 그러나 하루라도 프로그래밍을 하지 않으면 견딜 수 없다."라고 말할 정도로 컴퓨터에 몰입했다.

몰입에 대한 연구로 유명한 심리학자 미하이 칙센트미하이 교수는 몰입이란 '고도의 집중 상태를 유지하면서 하고 있는 일을 충분히 즐기는 상태'라고 정의한다. 몰입하면 시간의 흐름이나 공간감각, 더 나아가 자신에 대한 생각까지도 잊게 되면서 행복감을 느낀다. 어떤 사람은 쇼핑이나 마약에 몰입할 때 행복을 느낀다고 말할 수도 있겠지만 순간의 즐거움과 쾌락은 진정한 몰입이 아니다.

진정으로 몰입하게 되면 오랜 시간 집중을 통해 스스로 진화하고 있다고 느끼고, 자신감과 자존감이 쌓이면서 행복감을 느낀다. 그 즐거움을 맛보기 위해 몰입하는 횟수가 증가하다 보면 창의성은 자연스럽게 따라온다. 창의성은 무에서 유를 창조하는 것이 아니라 축적된 결과물들을 충분히 이해한 후 그것들을 토대로 새로운 것에 몰입하여 고민할 때 발현되기 때문이다. 문제를 해결하기 위해 몰입하여 사고하다 보면 자신의 잠재력을 깨워 천재성이 발휘된다는 것이 칙센트미하이 교수의 주장이다. 에디슨은 전구를 발명하기 전에 이미 다른 과학자가 발명한 전등을 연구하고 본인도 7000여 번의 실험에 몰입한 후에야 필라멘트 전구를 발명했다.

이런 무서운 몰입의 힘을 가진 컴퓨터광들이 의기투합하여 일을 냈다. 많은 사람들이 안면인식 기술은 최첨단 연구 분야로 구글이나 페이스북, 마이크로소프트 등 대기업이 아니고는 감히 쉽게 진출할 수 없는 분야라고 생각했다. 그런데 이들은 2017년 세계컴퓨터비전컨퍼런스에서 안면인식 관련 4개 부문에 참여해 3개 부문에서 1위, 나머지 1개 부문에서 2위를 하며 종합 1위를 차지해 세계 최고 수준의 기술력을 입증했다. 이때 이들은 모두 20대였고, 회사 설립 6년 만에 이뤄낸 성과였다.

배운 것을 실용화시키다

칭화대학 컴퓨터과학실험반 학생들은 대학 때 인턴십을 한다. 인치와 탕원빈 모두 대학교 2학년 때 마이크로소프트 리서치 아시아Microsoft Research Asia에서 인턴으로 일했다. 인치는 그곳에서 4년 넘게 일하며 안면인식 프로젝트에 참여했는데, 이때 4차 산업혁명으로 변화될 미래에 대해 어렴풋이 감지하게 되었다고 술회한다.

인치는 그렇게 인턴 생활을 하면서 미래 사회에서 안면인식 기술의 중요성에 대해 확신을 가지게 되었다. 그는 4차 산업혁명 시대에 가장 널리 사용될 분야가 '인공지능의 눈'이라고 판단했다. 사람은 감각을 통해 외부정보를 획득하는데, 그중 시각을 통해 80퍼센트 이상의 정보를 얻는다. 로봇과 같은 기계도 마찬가지다. 인간의 뇌에 해당하는 인공지능이 외부세계를 인식하려면 감각기관이 감지하는 과정을 거쳐야 하는데, 시각적 감지능력이 가장 기본이 된다. 그래서 카메라나 센서 등 시각적 감지 단말기를 통해 외부 데이터를 가져오면 신경망 알고리즘을 통해 기계가 물체를 식별하여 피드백과 의사결정을 하도록 만드는 기술이 바로 안면인식 기술이다. 인치는 향후 로봇, 무인자동차, 스마트홈 등이 실현되기 위해서는 안면인식 기술이 핵심 돌파구가 될 것이라고 생각했다.

그는 이 안면인식 기술을 응용해보고 싶었다. 마침 좋은 기회가 있었다. 칭화대학이 주최하고 학생들이 과학기술을 응용해 만든 제품을 선보이는 대회인 칭화챌린지컵清華挑戰杯이었다. 인치는 탕원빈과 양무에게 함께 참여해보자고 제안했다. 그들은 이 대회에 자신들이 개발한 게임 〈까마귀가 왔다 烏鴉來了〉를 출품했다. 이 게임은 허수아비를 움직여 까마귀를 쫓는 게임인데, 스마트폰 카메라 렌즈를 통해 플레이어의 머리 움직임을 감지하고 시각인식 알고리즘을 통해 허수아비를 움직이도록 만들어졌다. 게임 속 허수아비는 플레이어의 얼굴이 움직이는 방향대로 따라서 움직였다. 그들은 이 게임으로 최고상을 받았다. 게임을 상품화해 아이폰 앱 순위 5위까지 오르기도 했다. 시장 반응은 좋았고, 돈도 벌었다. 배운 것을 실용화했을 때 어떤 일이 벌어지는지를 직접 피부로 경험한 것이다.

인치는 안면인식 분야에서 더 큰 성과를 내고 싶었다. 이런 생각을 두 친구에게 말하자 두 사람 모두 흥분했다. 이렇게 의기투합한 세 사람은 쾅스커지를 설립하고 세계 PC 1위 업체인 중국 레노버로부터 투자제안까지 받았다. 인치의 자신감은 확고했다. 안면인식 기술로 뭘 해야 할지 정확히는 몰랐지만, 이 기술이 미래에 반드시 필요하리라는 것만큼은 굳게 확신했다.

원천기술의 중요성에 눈뜨다

중국의 젊은 부자들은 자신의 미래에 대해 명확한 청사진을 가지고 있다. 무엇을 위해 무엇을 어떻게 해야 하는지에 대한 계획이 구체적이고 분명하다. 그러나 큰 목표를 위해 과감하게 계획을 수정하는 유연함도 갖추었다.

회사 설립 후 몇 개월 만에 인치는 회사 운영을 친구들에게 맡기고 미국으로 유학을 떠났다. 유학의 목적은 한 가지였다. 회사 운영에 필요한 기술력을 배우기 위해서였다. 설립한 회사의 핵심이 알고리즘인데, 당시 중국에는 하드웨어 기술에 대해 이해하는 사람은 소수에 불과했다. 다른 기술력이 아무리 좋더라도 하드웨어 기술력 없이는 최종 결과물에서 완성도가 크게 떨어졌다. 기술에 한계를 느낀 그는 유학을 선택했다.

미국 컬럼비아대학 박사과정을 밟으면서 그는 3D 카메라를 연구했다. 공부를 하면서 회사 일도 병행했다. 뉴욕 맨해튼에서 낮에는 수업을 받고 밤에는 중국에 있는 공동 창업자들과 전화로 회의를 했다. 시차 때문에 새벽 두세 시에 회의를 하고 아침이면 수업을 들으러 가야 하는 날들이었다. 그러나 힘들지 않았다. 뚜렷한 목표가 있었기 때문이다. 중국보다 앞선 세상에서 열심히 기술을 연마하며 인공지능을 선보일 시기와 기회를 엿보고 있었다.

그러던 어느 날 회사의 운명을 바꿀 충격적인 뉴스를 접하게 된다. 이스라엘의 안면인식 스타트업인 페이스닷컴face.com을 페이스북이 1억 달러에 인수했다는 내용이었다. 페이스닷컴은 웹 및 모바일 응용 프로그램을 통해 업로드된 사진을 기반으로 안면인식 플랫폼을 개발한 회사로 매월 수십억 장의 사진을 스캔하고 해당 사진의 얼굴을 태그로 지정하여 SNS 정보와 연결시켰다. 인치는 이 뉴스를 보고 기술만 있으면 얼마든지 가치 있는 회사가 될 수 있다는 것을 깨달았다.

이후 인치는 회사가 집중해야 할 분야가 게임이 아니라 원천기술이라고 판단했다. 게임은 '있으면 좋은 것nice to have'이지만 '반드시 있어야 할 것must to have'은 아니었다. 당시 회사는 안면인식 기술의 막연한 미래에 방황하고 있었다. 그는 이를 계기로 회사가 앞으로 나아가야 할 방향이 원천기술 확보임을 명확히 깨달았다. 그래서 당장 게임 개발을 중단하고 안면인식 기술을 계속 업그레이드해야 한다고 주장했다. 그리고 향후 회사의 미래는 기술력에 있다고 주변을 설득했다. 물론 게임 개발 중단을 반대하는 직원들도 있었지만 그는 단호했다.

2013년이 되자 인치는 박사과정을 중도에 그만두고 서둘러 귀국했다. 지체할 시간이 없었다. 한 인터뷰에서 그 이유를 묻자 그는 당연하다는 듯 대답했다. "사업하는 데 부족한 기술을 배우기 위해 유학을 갔고, 사업에 더 집중하기 위해 귀국한 것입니다." 그는 미래에 대해 누구보다 명확한 계획이 있었기에 망설임 없이 박사학위를 포기할 수 있었다. 박사학위는 그에게 목적이 아닌 수단에 불과했다.

원천기술을 가진 회사를 만들기로 마음먹은 후 그는 세계 최초의 개방형 안면인식 플랫폼 'Face++'를 출시했다. 그리고 기술과 브랜드를 홍보하는 동시에 플랫폼 사용자의 안면 데이터를 수집하여 기술력 향상에 활용했다. 창업자 세 명의 각기다른 기술 강점은 시너지 효과를 냈다. 인치는 시각인식 인공지능을, 탕원빈은 이미지 검색을, 양무는 시스템 아키텍처와 데이터 마이닝을 책임졌다. 이들은 이 플랫폼을 통해 1억 명의 안면인식 데이터를 수집했고, 저장량은 10억 장이 넘었다.

불가능에 도전하다

인치는 Face++플랫폼을 개발했지만 상용화에는 그다지 진전을 이루지 못하고 있었다. 이런 상황에서 알리바바 산하의 알리페이로부터 전략적 투자 제안을 받았다. 안면인식 기술을 결제 시스템에 적용시키자는 제안이었다. 회사 내부에서는 의견이 분분했다. 요점은 그런 프로젝트가 실현 가능하겠냐는 것이었다. 당시 최첨단 기술강국이었던 미국도 안면인식 기술의 사용 분야는 스마트폰 잠금장치나 SNS 정도였다. 안면인식 기술의 향후 발전 추세에 대해서는 누구도 감히 결론을 내릴 수 있는 상황이 아니었다. 누구도 해본 적 없는 일을 처음 시도해야 한다는 부담감에 직원들이 불안해하는 것도 당연했다.

오랜 고민 끝에 그는 또 한 번의 결단을 내렸다. "금융 분야에서 안면인식을 결합하는 데 성공한다면 미래에 어마어마하게 큰 시장이 될 것입니다. 그 시장을 놓쳐서는 안 됩니다."라고 직원들을 설득했다. 쾅스커지는 결국 알리페이와 파트너십을 맺고, 공동으로 안면인식 결제 서비스인 '스마일 투 페이Smile to Pay'를 개발했다.

쾅스커지가 본격적으로 세상에 알려지기 시작한 것은 2015년 독일 하노버에서 열린 전자통신 박람회CeBIT의 개막식에서였다. 알리바바의 마윈이 기조연설에 나섰다. 그 자리에서 마윈은 직접 스마트폰으로 안면인식 결제 시스템을 사용해 독일 우표를 구매하고 그 우표를 메르켈 총리에게 선물했다. 그 장면은 미디어를 통해 전 세계로 퍼졌고, 사람들을 깜짝 놀라게 만들기에 충분했다. 이 결제 시스템을 개발한 회사가 쾅스커지라는 20대 젊은이 세 명이 설립한 스타트업이라는 사실도 사람들의 큰 관심을 끌었다.

인치의 안목은 적중했다. 이후 세계 곳곳의 기업과 정부로부터 러브콜이 쇄도했다. 현재 안면인식 기술은 쇼핑 결제, ATM 입출금, 무인 편의점, 물류, 부동산, 보안 등 산업을 막론하고 곳곳에서 활용되고 있다. 중국 공안은 이 기술을 치안에 활용해 2017년 한 해 동안 5000명의 범죄자를 체포하는 성과를 올리기도 했다. 우버, 알리바바, 디디추싱, 샤오미, 오포 등 국내외 기업과 정부기관 등 수요층도 다양하다.

이렇게 많은 사람들이 쾅스커지의 안면인식 기술을 찾는 것은 정확도 때문이다. 사진이나 영상 속 인물을 알아내는 데 0.1초면 충분했고, 정확도도 99퍼센트나 된다. 이처럼 정확한 식별 능력은 신분증 확인보다 더 신뢰할 수 있다. 얼굴 스캔 한 번이면 그 사람이 신뢰할 수 있는 사람인지, 신용도는 어떤지, 블랙리스트에 올라 있는 사람인지 아닌지를 알 수 있다. 신분증이나 신용카드도 필요 없다. 쾅스커지는 얼굴이 신분증인 세상을 만들었다. 인치는 안면인식 기술에서 멈추지 않고, 최근에는 자율주행에 필요한 사물을 인식하는 시각적 인공지능 기술 개발로 사업 영역을 확대하고 있다.

소프트뱅크의 손정의는 2019년 7월 청와대를 방문해 문재인 대통령을 만난 자리에서 "인공지능은 인류 역사상 최대 수준의 혁명을 불러올 것"이라며 "앞으로 한국이 집중해야 할 것은 첫째도 인공지능, 둘째도 인공지능, 셋째도 인공지능"이라고 강조했다. 그 이전에도 손정의는 "2040년이면 스마트로봇이 전 세계 인구보다 많은 100억 대 수준이 될 것"이라고 언급한 바 있다. 앞으로 인공지능은 100년 전에 전기가, 20년 전에 인터넷이 그랬던 것처럼 세상을 바꿀 것이라는 뜻이다.

잘나가는 게임 회사에서 인공지능 원천기술을 개발하는 회사로 방향을 전환할 때 직원들의 반대가 있었다. 세계 최초로 금융 결제 시스템에 안면인식 기술을 접목시킬 때에도 사람들은 불가능한 일이라고 머리를 가로저었다. 그럴 때마다 인치는 도전했고, 결과적으로 자신의 판단이 옳은 선택이었음을 입증해냈다. 희뿌연 안개 속에서 미래를 보는 그의 안목은 모두 정확했다. 앞으로 인치가 이끌어갈 쾅스커지의 미래가 주목되는 이유다.

고정관념을 버리고
새로운 방식을 만들라

중국의 젊은 부자들은 고정관념의 틀에 스스로를 가두지 않는다. 특히 스타트업에게 이미 정해진 틀이란 있을 수 없다. 기존의 틀을 깨고 새로운 방식을 만들어가는 것이 스타트업의 정체성이기 때문이다.

보통 사람들은 고정관념에서 벗어나는 것을 두려워한다. 축적된 경험이 만들어낸 고정관념의 틀 안에 있는 것이 안전하다고 믿기 때문이다. 그러나 중국의 젊은 부자들은 고정관념의 틀에 얽매이지 않는다. 삶의 방식도, 회사 운영 방식도 일반인과는 다르다. 인치의 선택도 마찬가지였다. 돈 잘 버는 게임 회사를 포기하고 원천기술을 확보한다는 명분으로 리스크를 떠안은 채 회사의 방향을 바꾼 것도, 보다 안정적인 기회의 문을 열어줄 수 있는 미국 박사학위를 포기하고 중국으로 되돌아온 것도 보통 사람에게는 쉬운 결정이 아니다.

인치가 유학을 갔을 당시 중국의 젊은 청년들은 대부분 전액 장학금을 받고 공부를 마친 후에는 미국에서 취업해 영주권을 획득하는 것을 목표로 삼는 경우가 많았다. 그러나 그는 미국에서 일하는 것을 별로 내켜 하지 않았다. "서양 사람들은 많은 것을 표준화시키려고 합니다. 심지어 우수하다는 정의까지도 표준화하려 하지요. 많은 젊은이들이 투자은행에 취업하는 것을 선호하고, 복장부터 생활방식까지 비슷합니다. 하지만 나는 자유롭고 싶습니다."라고 말했다. 그의 '인공지능의 눈'이 되겠다는 큰 목표에는 흔들림이 없었다. 다만 그 목표에 도달하기 위한 방법에 정해진 답은 없었다.

나이가 많든 적든 중국의 부자들은 유연하게 사고한다. 중국 최대 가전 업체인 하이얼의 회장 장루이민은 1949년생인데, 파산 직전의 국영기업을 오늘날 세계 최대의 가전 업체 중 하나로 만든 데는 그의 유연한 사고가 한몫했다. 농촌에 세탁기 보급이 거의 되지 않았던 시절, 세탁기 배수관이 막혀 고장이 잦다는 신고가 많았다. 원인을 조사해보니 농민들이 고구마를 세탁기로 씻다 보니 배수관에 흙이 쌓여 고장이 났던 것이었다. 직원들은 농민들을 비웃으며 소비자 잘못으로 고장이

난 것까지 수리해줄 수는 없다고 말했다. 그러나 장루이민의 생각은 달랐다. 세탁기가 옷만 빨라는 법이 있는가? 그는 고구마를 세척할 수 있는 세탁기를 만들라고 지시했다. 이른바 '고구마 세탁기'였다. 소비자의 반응은 폭발적이었다. 히트상품이 된 고구마 세탁기는 회사가 도약할 수 있는 발판이 되었다. 세탁기는 옷만 빠는 기계라는 고정관념을 깼기 때문에 가능한 일이었다.

장루이민의 유연한 사고는 4차 산업혁명 시대에도 통했다. 4차 산업혁명 시대를 주도하는 주인공은 스타트업이다. 이들이 새로운 시대를 이끌어가는 힘은 혁신적 아이디어, 빠르게 변화하는 기술 흡수, 신속한 의사결정 등 역동성에서 나온다. 어떤 사람들은 4차 산업혁명 시대의 파괴적 변화에 도태될 가능성이 가장 큰 기업은 덩치가 큰 글로벌 대기업이라고 말하기도 한다. 대기업들이 스타트업 문화를 조직에 도입하려고 하는 이유다.

장루이민도 똑같은 고민을 했다. 대기업으로 성장한 하이얼은 하루가 다르게 변화하는 시대에 제대로 대응하지 못했다. 그는 그 원인을 거대 조직의 비효율성에서 찾았다. 혁신보다는 위험 회피, 상하 중간보고 체계의 비효율성, 느린 의사결정, 관료주의 등 기존의 환경에서는 스타트업의 역동성을 도저히 따라갈 수 없었다.

장루이민은 "성공한 기업은 없다. 시대에 적합한 기업만 있을 뿐이다."라며 대대적인 조직 개혁을 단행했다. 세상에 영원한 기업은 없다. 시대 변화에 적응하지 못하는 기업은 도태되기 마련이다. 그는 5만 명의 거대 조직을 정리하여 4000개의 스타트업으로 쪼개고, 전 직원의 창업을 외쳤다. 소규모 기업을 뜻하는 샤오웨이小微 조직은 10명 내외로 구성했다. 상대적으로 많은 직원이 필요한 공장 생산조직도 100명이 넘지 않았다. 사업 내용과 방향 모두 각각 자체적으로 결정하도록 했다. 필요에 따라 다른 조직끼리 협업도 했다. 물론 모든 결정에는 책임 역시 따른다.

거대 조직을 작은 스타트업 조직으로 바꾼 사례는 역사적으로 전무후무하다. 장루이민은 1949년생 노장이지만 유연한 사고로 세상 어디에도 없는 새로운 조직구조를 만들어냄으로써 하이얼을 혁신적인 기업으로 전환시키는 데 성공했다.

비즈니스에서 고정관념만큼 위험한 것도 없다. 고정관념이 강한 사람은 문제에 부딪혔을 때 알고 있던 해결 방법이 통하지 않으면 곧 포기한다. 그러나 고무줄처럼 탄력적인 사고를 하는 사람은 하나의 해결 방법이 통하지 않으면 다른 해결 방법을 강구한다.

인공지능이 아니었으면 창업도 안 했을 것

인치가 인공지능을 선택한 데에는 어렸을 적 봤던 영화 〈터미

네이터〉가 계기가 되었다. 그는 영화를 보고 혼란스러웠다. 인공지능인 '스카이넷'이 자신을 위협하는 인간을 모두 적으로 간주하고, 인류를 말살시키고 지구를 파괴하려고 하는 내용 때문이었다. 기술은 인류를 발전시키는 것이기 때문에 아름답고 가치 있는 것이라고 생각했던 인치는 기술의 종착지가 인류의 파멸이라는 생각에 충격을 받았던 것이다. 이후 그에게는 꿈이 생겼다. 인류에 도움이 되는 인공지능을 만들겠다는 꿈이다.

영화 〈아이언맨〉의 실제 모델로 유명한 엘론 머스크 역시 인류 미래에 선한 영향력을 끼치는 가치 있는 일을 하고 싶어 한다. 세계 최대 온라인 결제 서비스인 페이팔을 이베이에 매각해 20대에 억만장자가 된 그는 곧이어 민간우주개발기업인 '스페이스X'와 전기자동차 회사인 '테슬라'를 설립했다. 2000년대 초반의 일이다. 두 사업 모두 주변에서 말렸다. 전 재산을 날리고 거지가 될 것이라는 말까지 들었다. 그 역시 성공을 확신하지는 않았다. 재산을 잃을 각오로 도전했다. 로켓 폭발 사고도 있었고, 자율주행자동차의 오작동으로 사람이 사망하기도 하는 등 과정도 녹록지 않았다. 테슬라의 수익성도 악화되었다.

그러나 엘론 머스크는 포기하지 않았다. "지금은 당연하다고 생각하는 비행기나 인터넷도 불과 얼마 전까지만 해도 미친 짓이라는 소리를 들었습니다. 설령 내가 성공하지 못하고 죽더라도 누군가 바통을 이어받아 계속 발전시킬 수 있지 않겠습니까?" 15년이 지난 지금, 그는 두 회사에서 많은 성과를 냈다. 그리고 지구 종말에 대비해 8만 명이 거주할 수 있는 '화성 식민지'를 건설하겠다는 그의 꿈은 여전히 진행 중이다.

인치는 직원들에게 기술의 가치 실현을 강조한다. 인공지능은 사람을 대신하기 위해 창조된 것으로, 다른 기술혁명과 마찬가지로 인류를 위해 존재한다는 것이다. 기술을 목적이 아닌 수단으로 보는 것은 공동창업자 겸 CTO인 탕원빈도 마찬가지다. 탕원빈은 "세계를 변화시키는 것은 기술 그 자체가 아니라 기술이 가져오는 가치입니다."라고 말한다. 즉, 인공지능 기술은 인류를 위한 가치를 실현시키는 수단에 불과하다는 것이다. 탕원빈 역시 기술은 근본적으로 수단이지 목적이 될 수 없다고 강조한다.

인치의 인공지능 개발에 대한 열정은 예나 지금이나 흔들림이 없다. 그래서 미국에서 박사학위를 취득하지 않은 것에 대해 전혀 미련이 없다. 박사학위 논문이 기술적 능력을 대변하지 않는다고 믿기 때문이다. "지금까지 최고의 엔지니어와 해커는 박사학위 소지자가 아니었습니다. 난 오직 인공지능을 개발하고 싶을 뿐입니다. 엔지니어 말고 인공지능을 향상시킬 수 있는 다른 길이 있다면 엔지니어의 길을 접고 그 길을 갈 것입니다."라고 말할 정도로 그는 인공지능 개발에 대한 애정과 사명감을 가지고 있다.

과학자든 엔지니어든 다른 사람들에게 어떻게 불리느냐는 인치에게 중요하지 않다. 인공지능이 인류 발전에 긍정적으로 쓰이는 데 일조하고 싶을 뿐이다. 학위, 직업, 직책은 그에게 무의미하다. 하고 싶은 일이 확실하고, 그 일을 좇을 뿐이다.

인치 印奇

1988년	안후이성 출생
2006년	칭화대학 컴퓨터과학실험반 입학
2011년	쾅스커지曠視科技 설립
2011년	콜롬비아대학 박사 입학
2016년	《포브스》 '아시아 테크놀로지 기업가 30세 이하 30인' 선정
2018년	《MIT 테크놀로지 리뷰》 '세계 혁신가 35세 이하 35인' 선정

제4장

세계 최초라는 이름의 혁신, 류쯔훙

로욜 창업자

세계 최초로 폴더블폰을 만든 주인공은 중국의 류쯔훙劉自鴻이다. 세계 스마트폰 시장 점유율 1, 2위인 삼성전자와 화웨이를 제치고 세계 최초로 접는 스마트폰을 개발해 세계인의 주목을 받은 그는 1983년생이다. 29세에 스타트업인 로욜을 창업하고, 사각형의 액정 모니터를 종이처럼 접을 수 있는 얇은 디스플레이로 만들어 미래 세상을 바꿔보고 싶다는 생각 하나로 6년 동안 하루 16시간씩 묵묵히 일해 세계 최초의 폴더블폰인 플렉스파이를 개발했다. 스마트폰은 그가 꿈꾸는 변화 중 하나에 불과하다.

로욜은 설립 6년 만에 기업가치 50억 달러가 되었다. 로욜이 가지고 있는 혁신적 기술의 가치 때문이다. 로욜은 이 외에도 2000건이 넘는 지적재산권을 가지고 있다. 끊임없이 혁신에 투자한 결과다.

유니콘 기업 중 기존에 없던 새로운 혁신적 기술을 가진 기업은 드물기 때문에 류쯔훙은 특히 혁신가로 주목받고 있다. 그는 2015년 《포브스》 선정 '미중 10대 혁신 인물', 2017년 MIT 선정 '세계 혁신가 35세 이하 35인'에 이름을 올렸다. 이후 2018년에는 《포춘》 '중국 비즈니스 엘리트 40세 이하 40인', 2019년에는 《포춘》 '세계 비즈니스 엘리트 40세 이하 40인'에 선정되었다.

생활 속 불편함을 해결하는 데서 가치를 창출하라

류쯔훙은 어려서부터 자기 주관이 뚜렷했다. 각종 올림피아드 대회에서 수상한 화려한 경력들을 바탕으로 고등학교 2학년 때 칭화대학 화공과에 합격했지만, 전자공학과에 가기 위해 그 기회를 포기하고 대학입시를 선택했다.

결국 장시성 이과 수석으로 칭화대학에 입학한 그는 수재였지만 책상에 앉아 책만 보는 공부벌레는 아니었다. 대학을 여러 가지 경험을 할 수 있는 플랫폼이라고 생각한 류쯔훙은 칭화예술단에 가입해 프로그램 사회도 보고 연극에도 출연하면서 대학 생활을 즐겼다. 고등학생 때는 좋든 싫든 무조건 공부를 해야 했지만, 대학 생활은 하고 싶은 것들을 선택해서 할 수 있는 자유로움이 좋았다. 같은 관심사를 가진 사람들끼리 모여 공통의 화제를 가지고 이야기하는 시간도 즐거웠다.

생활 속 불편함을 해결하기 위해 이것저것 만들어내기도 했다. 예술단 연출에 참여했을 때였다. 무대 위 조명이 너무 밝아 눈이 부셔서 조명 담당자에게 조도를 낮춰달라고 요구했더니 너무 어두워졌다. 몇 차례 반복해서 조정한 후에야 원하는 상태로 만들 수 있었다. 이때 그는 이렇게 생각했다. '왜 조명 조절 장치를 자동화시키지 못할까? 매개변수를 설정하고 빛의 세기를 자동으로 조절하면 되는 거 아닌가?' 그는 바로 행동으로 옮겼다. 조도 자동 조절 시스템을 만든 것이다. 이 발명품으로 칭화챌린지컵에 참가해 상도 받았다.

류쯔홍이 나고 자란 중국 남방지역은 실내에 난방장치가 없어 겨울에는 전기담요가 필수품이었다. 겨울이면 전기담요를 켜고 잠자리에 들었다가 뜨거워지면 스위치를 끄고, 그러다 온기가 식으면 다시 깨서 스위치를 켜야 했기 때문에 숙면을 취하기 어려웠다. 그는 왜 자동조절 전기담요를 못 만드는지 궁금했다. 그래서 대학 4학년 때 여러 가지 서적들을 찾아서 읽고 직접 센서를 만들었다. 센서가 신체 상태를 모니터링하여 체온 변화에 따라 전기담요를 자동으로 끄거나 켤 수 있도록 만든 것이다. 그는 이 프로젝트로 다시 한 번 칭화챌린지컵에서 상을 받았다.

그는 문제 해결 능력이 뛰어났다. 생활 속에서 문제점을 발견하고, 그 문제를 해결하기 위해 전문지식을 연구했다. 문제를 끝까지 포기하지 않고 해결해내는 집요한 근성이 있었다.

그렇지만 너무 앞서나가다가 프로젝트를 접어야 했던 경험도 있었다. 칭화대학 재학 시절 열 명으로 팀을 만들어 가정에서 골프나 볼링을 칠 수 있는 '실내 스포츠 시뮬레이션 시스템'을 개발했다. 이 팀은 칭화대 학생창업대회에 참가하여 좋은 평가를 받아 최우수 창의상을 받았다. 그러나 상용화는 시기상조였다. 시제품을 만들고 본격적으로 사업을 시작할 준비를 마쳤지만 투자하겠다고 나서는 사람이 아무도 없었다. 당시 중국은 벤처 캐피털이 아직 미성숙한 시기였고, 투자기관도 거의 없었다. 자금력이 없던 그는 아쉬운 마음을 뒤로하고 프로젝트를 포기해야 했다.

그런데 몇 년 후 전 세계적으로 가정용 콘솔 게임기가 대성공을 거두었다. 닌텐도의 Wii, 마이크로소프트의 X박스, 소니의 플레이스테이션3 등 대기업들이 가정용 스포츠 게임 시장의 문을 연 것이다. 그는 기술을 상업화시키는 데에는 타이밍이 중요하다는 것을 깨달았다. 아무리 아이디어가 기발해도 투자, 시장, 기술 등 모든 조건들이 잘 맞아떨어지지 않으면 성공하기 어려웠다. 그러나 자신의 아이디어가 시장에서 반응을 얻는 것을 보고 자신감을 가질 수 있었다.

이렇게 대학 시절에 몇 차례 무에서 유를 창조하는 경험을 한 류쯔훙은 세상에 없는 새로운 것을 만들고 그것에 사람들이 반응하는 데에서 큰 희열을 느꼈다. 그리고 생활 속에서 가치를 창출해내는 것이 자신에게 의미 있는 일이라는 것을 확신하게 된다.

칭화대학에서 석사과정을 마친 후 그는 더 의미 있는 일을 찾기 위해 해외 유학을 결심했다. 2006년 캠브리지대학과 스탠퍼드대학 두 곳으로부터 박사과정 입학 허가서를 받았다. 800년의 역사와 전통을 자랑하는 캠브리지대학과 기술 혁신의 상징인 스탠퍼드대학을 놓고 고민에 빠진 그는 일주일 동안 기숙사에 틀어박혀 고민에 고민을 거듭했지만 선택할 수가 없었다.

학교 게시판에 도움을 요청하자 한 동문으로부터 장문의 답장이 왔다. 혁신적 기술을 배우기 원한다면 스탠퍼드대학을 선택하고, 이론 연구를 원한다면 캠브리지대학이 최선의 선택이라는 내용이었다. 이 명쾌한 조언에 그는 스탠퍼드대학에 가기로 결정했다.

스탠퍼드대학은 혁신적 에너지가 충만한 학교였다. 전반적으로 혁신적 사고와 과감한 도전, 그리고 실패를 두려워하지 않는 분위기로 가득했다. 근거리의 실리콘밸리에서 창업자를 초청하는 강연도 자주 개최되었다. 테슬라의 엘론 머스크, 페이스북의 마크 저커버그, 링크드인의 제프 와이어, 드롭박스의 드류 하우스턴 등 스타트업의 신화를 만든 사람들의 이야기를 직접 생생하게 들을 수 있었다. 이런 역동적 분위기를 체험한 그는 훗날 자연스럽게 창업을 결심하게 되었다.

미래를 창조하는 사람이
미래를 선도한다

"미래를 예측하지 말고, 미래를 창조하라We do not predict the future, We invent the future"라는 로욜의 캐치프레이즈는 회사의 정체성을 보여준다. 현재의 결과들을 취합해 미래에 어떤 변화가 있을 것이라고 예측하지 말고, 세상에 없던 것을 창조하라는 말이다. 이런 비전은 류쯔훙의 인생에서도 엿볼 수 있다.

스탠퍼드대학의 박사과정은 지도교수가 학생들에게 몇 개의 주제를 던져주면 그중 하나를 선택해 논문을 쓰도록 되어 있었다. 그렇게 해야만 지도교수의 지도를 받으며 연구자금을 지원받을 수 있었다. 그러나 류쯔훙은 마음에 드는 주제가 없었다. 그는 10년이 지나도 효용 가치가 있는 주제를 연구하고 싶었다.

그는 서두르지 않았다. 캘리포니아의 눈부신 햇살 아래 캠퍼스 잔디밭에 누워 미래에 무슨 일을 할 것인지 조용히 고민하는 시간을 가졌다. 류쯔훙은 어떤 문제가 생기면 역사에서 해답을 찾곤 했다. 역사라는 거울을 통해 오늘을 볼 수 있다고 믿었기 때문이다. 어느 날, 잔디밭에 누워 골똘히 생각에 잠기던 그는 오래 지속할 수 있으려면 인류의 발전과 직결되는 일이어야 하는데, 인류는 정보를 습득하면서 발전해왔고 그중 80퍼센트의 정보를 시각적 입력을 통해 얻었다는 생각이 문득 떠올랐다. 그렇다면 디스플레이 기술 혁신으로 새로운 미래를 창조할 수 있지 않을까?

고대 돌에 새긴 레터링이나 대나무에 글을 쓴 죽간에서 현대의 영화, TV에 이어 컴퓨터나 스마트폰의 얇은 액정 디스플레이까지, 인류의 시각적 입력을 위한 장치는 항상 존재해왔다. 그렇다면 미래 시각기술의 핵심은 '더 편리하게, 더 많은 것을 보게 하는 것'이라는 생각이 들었다. 그러기 위해서는 휴대하기 편리하고 고화질의 대형 화면을 가진 디스플레이가 필요할 것이었다. 그러나 이 두 가지는 서로 모순되는 개념이었다. 고화질 대형 스크린일수록 무겁고 부피가 커지기 때문이다.

그래서 그는 얇고, 접을 수 있는 곡선 디스플레이가 필요하다고 생각했다. 왜 모든 디스플레이는 평면의 사각형이어야 하는가? 얇고 가벼울 수는 없을까? 곡선일 수는 없을까? 종이처럼 둘둘 말거나 접을 수는 없을까? 만약 새로운 스타일로 설계될 수만 있다면 휴대전화, 태블릿, TV, 의류 등의 형태가 달라질 것이다. 그 쓰임새는 무궁무진했다. 생각이 여기에 미치자 그는 뛸 듯이 기뻤다. 스스로 답을 찾는 고민의 과정 속에서 혁신적 사고를 끌어낸 것이다.

박사학위 주제를 '플렉서블 디스플레이'라는 독창적인 내용으로 선택했다. 당시만 해도 이 분야를 연구하는 사람은 거의 없었다. 지도교수가 정해준 주제를 선택하지 않았기 때문에 학교에서 연구비 지원과 기술 지도를 받을 수 없었다. 다행히 글로벌 반도체회사인 텍사스 인스트루먼츠에서 일한 경험이 있는 플렉서블 전자기술의 권위자인 다른 교수가 공동 지도교수가 되어주었고, 그 교수의 도움으로 10만 달러의 연구비를 지원받을 수 있었다. 그는 결국 박사과정을 밟는 동안 플렉서블 디스플레이에 대한 기본 연구를 완성해냈다.

박사학위를 취득했지만 당시 미국은 2008년 금융위기에서 비롯된 경제위기가 심각했다. 창업을 하기에 좋은 시기가 아니었다. 그는 일단 창업을 미루고 취업을 하기로 하고, 미국 서부에서 동부 뉴욕으로 이사해 IBM의 엔지니어가 되었다. 글로벌 기업인 IBM에 들어가 경험을 쌓고 플렉서블 디스플레이 기술의 미래 응용 경로에 대해 살펴보는 것도 필요한 과정이라고 생각했다. 그렇게 3년의 시간을 보냈다.

좋은 조건도 포기할 줄 아는 용기가 필요하다

그러던 어느 날 류쯔훙은 창업에 대한 이야기를 나누기 위해 스탠퍼드대학원을 졸업한 선배를 찾아갔다. 함박눈이 내리던 날, 선배와 둘이서 차 안에서 많은 이야기를 나누었다. 기술, 제품, 비즈니스 계획까지 진지한 이야기는 날이 새는 줄도 모르고 계속되었다. 류쯔훙은 이 선배가 꼭 필요하다고 생각했다. 선배는 일찍이 칭화대학 재료학과 재학 시절 4년 내내 1등이었고, 스탠퍼드대학원에서도 성적이 모두 A와 A+였다.

선배는 이 프로젝트에 대해 상당히 흥미를 느꼈지만, 쉽게 결정할 수 있는 상황은 아니었다. 그는 이미 미국에서 자리를 잡고 평온한 삶을 살고 있었다. 아내도 고액 연봉을 받으며 일했고, 아이도 좋은 학교에 다니고 있었다. 더구나 창업을 하려면 큰 자본이 필요했다.

다음 날, 류쯔훙은 사업계획을 담은 PPT 파일을 들고 선배의 집을 찾아갔다. 그리고 마치 교수들 앞에서 졸업논문 심사를 받듯 선배의 아내와 장인, 장모 앞에서 창업 계획과 비전에 대해 상세하게 프레젠테이션을 했다. 새벽 동틀 무렵까지 의논은 계속되었고, 얼마 후 선배 부부는 높은 연봉과 안정된 직장을 포기하고 중국으로 돌아갔다. 이 선배는 류쯔훙의 창업팀 중 가장 중요한 기술 역량이 되어주었다.

2012년 3월, 류쯔훙은 미국의 실리콘밸리와 중국의 선전, 홍콩 3개 도시에서 동시에 창업을 결행했다. 선전은 그가 베이징, 상하이 등 6곳의 후보지 중 최종적으로 선택한 곳이었다. 그는 선전의 비즈니스 환경이 매력적이라고 생각했다. 선전에는 원자재, 칩, 회로기판 등 부품 구입부터 시제품 완성까지 기술을 제품으로 빠르게 전환할 수 있는 환경이 조성되어 있었다. 실리콘밸리에서는 시제품을 만드는 데 짧게는 한 달, 길게는 몇 달씩 걸리는 일이 선전에서는 일주일이면 가능했다. 벤처 캐피털의 스타트업 투자도 활발했다. 텐센트 빌딩을 비롯해 밤에도 꺼지지 않는 불빛으로 도시는 불야성을 이루었다. 주말이면 난산 과학기술단지를 중심으로 스타트업 청년들이 왁자지껄 모여들었다. 그 어느 도시보다 창업의 열기가 뜨겁고 활기찼다. 그는 선전의 매력에 흠뻑 빠졌다. 그에게 선전은 또 다른 실리콘밸리였다.

　로욜은 창업 당시 세 명으로 시작했다. 문패도 없었다. 선전의 한 유학생 창업 빌딩의 작은 공간에서 조용히 시작되었다. 비용을 절약하기 위해 멀리 떨어진 편벽한 지역의 중고 가구점까지 가서 테이블이나 의자를 거저줍다시피 가져왔다. 가구점 주인이 유학까지 다녀왔는데 이렇게까지 하는 건 처음 본다며 혀를 내두를 정도였다. 류쯔훙은 형식적인 것들을 사는 데 돈을 낭비하고 싶지 않았다. 그가 생각하기에는 핵심 연구에 쓸 돈도 모자랐다. "사람들이 우리 돈이 거의 바닥났을 거라고 생각했을 때 사실 우리는 자금의 절반을 가지고 있었죠."라고 말할 정도로 그는 돈을 반드시 써야 할 곳에만 알뜰하게 지출했다.

　창업 첫날 밤, 12시가 넘어서야 동료들은 웃옷을 벗고 땀범벅이 된 채로 양꼬치를 먹었다. 창업의 설렘과 두려움, 희망과 불안, 기대와 막막함이 공존했다. 무엇보다 그의 가슴속은 '가능성'이라는 단어로 꽉 차 있었다. 류쯔훙은 그날 밤의 장면을 평생 잊지 못할 것이라고 회고한다.

　창업을 준비하는 3개월 동안 류쯔훙은 실리콘밸리와 선전을 여러 차례 왕복했다. 양쪽에 모두 집이 없었기 때문에 생활은 불편했다. 미국에 가면 친구네 집 거실 바닥에 이불을 깔고 잠을 자면서 생활했다. 그에게 실리콘밸리의 겨울은 추웠다. 바닥에서 올라오는 냉기 때문에 자다가도 몇 번씩 잠에서 깨곤 했다. 그럴 때마다 스스로에게 물었다. '뉴욕에서의 안정된 생활을 왜 포기했을까?' 그리고 스스로 대답했다. '이런 생활은 내일이면 끝날지도 몰라. 오늘 충분히 즐기자.' 회사 설립 후 1년 동안 그의 월급은 3666위안(약 62만 3000원)이었다. 미국 IBM에서 엔지니어로 고액 연봉을 받을 때와는 천지차이였다.

중국의 IT 1세대인 바이두 설립자 리옌홍李彦宏 역시 미국의 안정된 생활을 포기하고 중국에 돌아가 중국판 구글을 만들어 성공한 사업가다. 그는 베이징대학을 졸업하고 미국에서 박사학위를 받은 후 실리콘밸리에서 정보검색 분야 최고의 엔지니어가 되어 고액 연봉, 고급 주택, 고급 자동차 등 누구나 부러워하는 삶을 살며 안락한 생활을 누리고 있었다. 정원 가꾸기를 좋아하던 그가 화초를 돌보며 평온한 시간을 보내고 있던 어느 날, 아내가 갑자기 정원을 망가뜨리며 소리쳤다. "당신은 캘리포니아 농부가 아니라고!" 리옌홍은 중국으로 돌아가 중국 최고의 검색 사이트인 바이두를 탄생시켰다. 그는 훗날 아내 덕분에 용기를 내 창업할 수 있었다고 회고했다.

기회를 감지하고도 용기를 내지 못하는 것은 창업에 성공한다는 보장이 없기 때문이다. 사실 성공보다 실패할 확률이 훨씬 높은 것이 현실이다. 알리바바의 마윈 회장도 창업 후 5년 이상 가는 회사를 만드는 것은 쉬운 일이 아니라고 말한다. 중국의 젊은 부자들은 안락한 조건들을 포기하면서 용기를 내 끝없이 도전한 사람들이다.

류쯔홍이 창업을 선택한 것은 큰돈을 벌거나 안락한 생활을 누리기 위해서가 아니었다. 만약 그랬다면 미국에서의 평온한 삶을 포기하지 않았을 것이다. 그는 세상에 없는 것을 만들어 세상의 변화를 선도하는 사람이 되고 싶었다. 앞으로 펼쳐질 세상이 눈앞에 어른거렸다. 그 세상을 실현시키기 위해 쉴 새 없이 달렸을 뿐이다.

성과는 놀라웠다. 회사 설립 2년 만에 0.01mm 두께의, 세계에서 가장 얇은 초슬림형 풀컬러 아몰레드 플렉서블 디스플레이를 만들었고, 4년 후인 2018년에는 세계 최초의 폴더블폰인 '로욜 플렉스파이'를 선보였다. 두께, 용량, 배터리, UX에 대한 비판의 시각도 존재한다. 그러나 중요한 것은 제품의 완성도가 아니다. 세계 최초의 폴더블폰이라는 타이틀도 아니다. 주목해야 할 점은 회사를 설립한 지 불과 몇 년밖에 안 된 스타트업이 글로벌 기업들과 어깨를 나란히 할 만큼의 기술력을 가지고 미래를 선도하고 있다는 것이다.

꿈은 초인적 힘을 발휘하게 만든다. 류쯔훙은 중국과 미국의 시차 때문에 낮 여덟 시간은 미국의 업무를 처리하고, 밤 여덟 시간은 중국의 업무를 처리했다. 새벽 두세 시에 이메일을 받고 회의를 한 후 아침 일찍 미국의 회사에 출근했다. 그는 매일 16시간씩 6년 동안 일했다. 세계 최초의 폴더블폰을 만들기까지 그가 일한 시간을 보통사람이 일하는 하루 8시간 주 5일 일 년 240일로 계산하면 18년에 달한다. 즉, 18년 걸릴 일을 6년 만에 해낸 셈이다. 미치도록 몰두하지 않고서는 불가능한 일이다. 그의 인생은 플렉서블 디스플레이 그 자체였다.

진정한 열정은
위기의 순간에 나온다

알리바바 설립 초기 마윈은 투자를 받기 위해 소프트뱅크 회장 손정의를 찾아간 적이 있다. 변변하게 내세울 배경 하나 없던 마윈이었지만 손정의는 마윈이 프레젠테이션을 시작한 지 6분 만에 투자를 결정했다. 2000만 달러를 투자해 34퍼센트의 지분을 가져갔는데, 4년 후 알리바바가 미국 증시에 상장되었을 때 손정의는 약 3000배의 투자 수익률을 기록했다.

훗날 마윈은 손정의에게 왜 자신에게 투자했는지를 물었다. 손정의는 마윈의 눈빛에서 강한 열정을 보았기 때문이라고 대답했다. 손정의가 투자한 스타트업은 약 800개인데, 그중 10퍼센트는 실패했다. 그는 이런 투자들을 통해 실패한 사람들에게 공통점이 있다는 것을 알아챘다. 바로 열정 부족이었다. 물론 창업을 시도하는 사람 누구나 열정은 있다. 그러나 진정한 열정은 위기의 순간에 발현된다. 처음부터 끝까지 순조로운 사업은 없다. 항상 위기가 따르기 마련이다. 큰 위기에 직면했을 때 사업에 대한 열정이 강한 사람은 어떻게든 문제를 해결하기 위해 이리저리 노력하여 해결 방법을 찾는다.

위기에 직면하더라도 끝까지 포기하지 않고 해결 방법을 찾으려는 힘은 강한 열정에서 나온다. 그래서 창업은 '내가 이 일을 꼭 해야만 하는' 분명한 이유가 있어야 한다. 어떤 위기가 닥쳐도 꺾이지 않고 어려움을 헤쳐나갈 이유가 있어야 한다.

확고한 믿음과 꺾이지 않는 뜨거운 열정으로 옳다고 믿는 방향으로 묵묵히 밀고 나아가는 사람들이 세상을 바꾼다.

류쯔홍은 "창업의 고통은 어떤 말로도 표현이 안 될 만큼 힘든 과정"이라고 말한다. 방향을 알 수 없는 짙은 안개 속을 항해하는 것처럼, 사업이란 아직 다가오지 않은 미지의 세계에 도달하기 위해 확실한 방향을 찾아가는 여정과도 같다.

어떤 이들은 믿기 때문에 본다고 말하고, 어떤 이들은 볼 수 있기 때문에 믿는다고 말한다. 그러나 인류 사회를 진보시킨 것은 항상 전자의 사람들이었다. 만유인력의 개념이 없던 시절, 아리스토텔레스는 수평선 너머 배가 가까이 올 때 돛대의 끝이 먼저 보인다는 것과, 남쪽 지방으로 가면 북쪽 지방 하늘에서는 볼 수 없던 별자리가 보인다는 사실들을 근거로 지구가 둥글다고 주장했다. 당시 사람들은 물건은 위에서 아래로 떨어지는데, 지구가 둥글다면 내가 있는 곳 반대편에서는 물건이 아래에서 위로 떨어지는 것이냐며 아리스토텔레스를 비웃었다.

류쯔홍이 플렉서블 디스플레이라는 신기술로 창업을 한다고 했을 때 많은 사람들이 비웃었다. 심지어 그를 무시하기까지 했다. 모두 지구가 편평하다고 말할 때 지구는 둥글다고 말했던 아리스토텔레스의 경우와 마찬가지였다. 비난과 멸시를 견뎌야 했다. "사람들은 나에게 미쳤다고 말했습니다. 그래서 내가 정말 정상이 아닌가 하는 의구심이 들 때도 있었지요. 이런 과정에서 내가 왜 이 일을 하고 있는지 잠시라도 잊어버린다면 스스로 침몰해버릴 수도 있습니다. 내가 이 일을 해야 하는 분명한 이유가 있어야 합니다. 그래야 식지 않는 열정으로 나를 지탱할 수 있으니까요."

디스플레이 산업 종사자들 중에는 로율이 경험이 없기 때문에 혁신을 일으킬 수 없다고 비웃는 사람들도 있었다. 이에 류쯔홍은 '경험은 부가가치를 만드는 데 도움이 되지만, 혁신에는 오히려 걸림돌이 될 수 있다'고 반박했다. 혁신적 아이디어는 제약받지 않는 스타트업 정신에서 나오는 경우가 많기 때문이다.

사실 진정한 혁신은 경험보다는 선도를 통해 진화한다. 시장조사를 통해 소비자가 원하는 제품을 생산하는 것만으로 성공한 기업들은 많다. 이런 상향식 방법으로 제품을 생산 및 판매하는 기업은 소비자 변화에 민감하고, 안정적인 매출과 현금 흐름을 만들 수 있다. 그러나 혁신적 제품은 좋은 아이디어와 훌륭한 기술을 어느 정도 발전시킨 후에 제품으로 출시되어 소비자의 평가를 받는다. 하향식 방법이라고 할 수 있다. 류쯔홍은 어느 것이 옳고 그르다고 말하지는 않는다. 미래의 기업 발전은 양방향이 통합되어야 한다고 생각하기 때문이다.

사람들은 항상 새로운 것을 의심한다. 기술 혁신이든 제품 혁신이든, 새로운 것에는 칭찬하는 목소리도 있고 비판하는 목소리도 있다. 이런 말에 휘둘리지 않으려면 내가 하고자 하는 일이 무엇인지, 내가 옳은 방향으로 가고 있는지 끊임없이 스스로를 점검해야 한다. 그는 그 잣대로 사회적 가치를 기준으로 삼아야 한다고 말한다. 아무리 기술, 제품, 서비스, 사업

모델이 좋더라도 사회적 가치를 창출하지 못하면 사람들에게 인정받지 못하기 때문이다.

기존의 것을 파괴하는 혁신은 돛을 단 배가 순풍을 맞이하는 것과는 다르다. 최초로 자동차나 비행기를 만든 선구자들 역시 사람들의 야유를 견디며 세상을 변화시켰다. 그들이 사람들의 손가락질이 무서워 혁신을 포기했다면 발전은 없었을 것이다. 그들은 인류에 유익함을 주었고, 존경심을 얻었다. 결국 혁신은 존경을 얻는다.

선택에도 자기만의 원칙이 있어야 한다

페이스북의 마크 저커버그는 늘 회색 티셔츠에 후드티, 청바지, 운동화 차림이다. 애플의 스티브 잡스는 검정 터틀넥 티셔츠와 청바지, 운동화를 유니폼처럼 착용했다. 버락 오바마 대통령은 재임 시절 8년 동안 턱시도를 단 한 벌만 가지고 있었고, 외출 준비를 10분 안에 끝냈다고 한다. 이들에게는 공통점이 있다. 먹는 것, 입는 것을 선택하는 데 에너지를 쏟고 싶어 하지 않았다는 점이다. 집중해야 할 일 외에는 모든 것을 단순화시켜 선택의 피로를 최소화했다.

기업을 운영하다 보면 수많은 선택의 기로에 서게 된다. 로욜은 20여 개국에 2200명이 넘는 직원이 있는 큰 회사이다.

조직 규모가 커질수록 선택해야 할 일도 늘어난다. 일의 효율성을 높이기 위해서는 선택을 하는 데에도 기준과 원칙이 있어야 한다. 그래야 선택의 피로를 최소화할 수 있다.

무언가를 결정해야 할 때 가장 불편한 상황은 사람과의 관계가 걸려 있는 경우이다. 이와 관련해 사람들은 대부분 두 가지 선택의 상황에 직면한다. 하나는 내가 모든 사람과 편안하게 지내는 상황이고, 다른 하나는 다른 사람과 기분이 언짢아지는 상황이다. 이런 상황은 누구에게나 불편하지만 어쩔 수 없는 경우도 있다. 이런 경우 류쯔훙은 '쉬운 선택이 아니라 올바른 선택'을 해야 한다고 말한다.

올바른 선택을 위해서는 '논리적'으로 접근해야 한다는 것이 그의 기본 원칙이다. 모든 문제를 논리적으로 분석하고, 논리에 맞게 해결해야 한다는 뜻이다. 만약 논리적이지 않으면 사람들을 설득시킬 수 없기 때문이다. 일하다 보면 화나는 일이 발생하기 마련인데, 감정에 치우쳐 화부터 내면 문제의 근본을 놓치기 쉽다. 문제가 어디에서 시작되었는지조차 파악할 수 없다. 성공한 기업가들은 대부분 이성적 논리가 감정적 성격보다 강하다.

문제점을 냉철하게 분석하여 그 원인이 나의 문제인지 혹은 다른 사람의 문제인지를 판단해야 한다. 내가 사람들의 생각을 따라가지 못하는 것인지, 아니면 다른 사람이 틀린 것인지를 알기 위해서는 먼저 문제를 정리하고 해결책을 찾아야 하고, 동시에 나의 성품에 대해서도 객관적으로 알고 있어야 한다.

한편, 사람들의 목소리에 귀 기울이는 것도 중요하지만, 자신만의 잣대가 있어야 한다는 점도 중요하다. 때로 직원과 나의 의견이 다를 때 직원의 관점에서 보면 이해가 되지만 회사의 관점에서 보면 받아들일 수 없는 일들이 있다. 고객과의 관계에서도 마찬가지다. 고객이 제품에 어떤 기능을 추가해야 한다고 제안했다고 하자. 그 기능이 유용할 것으로 예상되더라도 그렇게 하는 데 시간이 오래 걸리거나 일이 너무 커져버릴 수 있다. 이런 갈등의 순간에 독립적으로 판단하여 고객의 의견을 수용할 것인지 말 것인지를 결정해야 한다는 것이다. 듣는 귀는 열려 있되, 판단은 논리적이고 독립적으로 해야 한다.

사업과 관련된 일을 결정할 때도 나름의 원칙을 세워야 한다. 세계 최대의 아웃소싱 전문 기업인 홍콩의 리앤펑Li&Fung은 100년이 넘는 역사 속에서 자신들만의 경영 원칙을 만들어 냈다. 연간 20억 벌의 옷을 생산하지만, 공장은 없다. 50여 개 생산 국가에 있는 1만 8000개의 공장들과 네트워크를 형성해 전 세계 2000개 이상의 기업에 다양한 제품을 공급한다. 월마트, 리바이스 등 다양한 기업들로부터 생산 주문을 받으면 가장 적합한 협력업체에 하청을 주는 형식이다.

이때 리앤펑은 7대 3 원칙을 지킨다. 협력업체가 생산할 수 있는 능력의 30퍼센트 주문을 보장하되, 70퍼센트 이상은 맡기지 않는다는 원칙이 그것이다. 협력업체 입장에서 생각하면 30퍼센트는 되어야 리앤펑이 중요한 파트너가 될 것이고, 70퍼센트를 넘지 않아야 리앤펑 이외의 다른 업체와도 일하면서 새로운 아이디어를 얻고 새로운 것을 배울 수 있기 때문이다.

류쯔훙도 경영을 하면서 자신만의 원칙을 만들어가고 있다. 예를 들어 기술 혁신 기업은 다가올 변화에 대응하는 기업이 아니라 새로운 변화를 만들어가는 기업이다. 때문에 앞만 보고 일에 몰두하느라 다른 것들을 놓치기 쉽다. 그래서 그는 '고개를 들고 두 걸음, 세 걸음 앞의 길을 보는' 시간을 갖는다. 바로 눈앞의 일만 보고 결정하는 잘못을 피하기 위해서이다. 훗날 자신의 사업에 미칠 영향을 생각하여 장기적 안목으로 결정하라는 나름의 원칙이다.

혁신에는 불안과 혼란이 따르기 마련이다. 혁신기업을 이끄는 것은 이 불안과 혼란을 잠재울 원칙을 수행하는 과정과도 같다. 류쯔훙은 혁신을 위한 기술에 몰두하는 한편, 그 혁신을 끌고 나가기 위한 원칙을 하나씩 만들어가는 중이다.

류쯔훙 劉自鴻

1983년	장시성 출생
2000년	칭화대 전자공학과 입학
2004년	칭화대 전자공학과 마이크로전자학연구소 석사 입학
2006년	스탠퍼드대 박사 입학
2009년	IBM 입사
2012년	로욜Royole 창업
2015년	《포브스》 '미중 10대 혁신 인물' 선정
2017년	《MIT 테크놀로지 리뷰》 '세계 혁신가 35세 이하 35인' 선정
2018년	《포춘》 '중국 비즈니스 엘리트 40세 이하 40인' 선정
	세계 최초 폴더블폰 '플렉스파이' 출시
2019년	《포춘》 '세계 비즈니스 엘리트 40세 이하 40인' 선정

제5장

중국판 우버의 주인공,
청웨이

디디추싱 창업자

사용자 5억 5000만 명, 하루 평균 거래 3000만 건. 중국 최대 차량 공유 업체이자 중국을 대표하는 유니콘 기업인 디디추싱滴滴出行의 실적이다. 디디추싱의 CEO인 청웨이程維는 중국에 진출한 우버차이나를 인수 합병하고, 중국 차량 공유 서비스의 90퍼센트 이상을 점유하며 디디추싱을 거대 독점기업으로 만들었다. 디디추싱은 BAT를 비롯해 애플, 소프트뱅크 모두에게 투자받은 유일한 기업이기도 하다.

한때 발마사지 숍에서 일했던 그는 2017년부터 2019년까지 3년 연속 《포춘》이 선정한 '중국에서 가장 영향력 있는 비즈니스 리더 50인'에 이름을 올렸고, 2017년 《포브스》 선정 '글로벌 게임 체인저'와 《포춘》 선정 '세계 비즈니스 엘리트 40세 이하

40인'에 포함되었다. 같은 해《타임》은 그를 '테크 분야 가장 영향력 있는 20인'으로 선정했고, 2016년에는《포브스》선정 '올해의 기업가'에 이름을 올렸다.

'디디추싱의 경쟁 상대는 구글'이라고 자신 있게 말하는 그는 현재 차량 공유와 무인 자율주행을 결합해 미래 자동차 시장을 선점하기 위해 노력하고 있다.

거절당하는 데
익숙한 사람이 강해진다

중국 청년들에게도 취업의 문은 좁다. 2004년 베이징 화공대학 행정관리학과를 졸업한 청웨이 역시 마찬가지였다. 대학입학시험 점수에 맞춰 어쩔 수 없이 선택한 학과였기에 학과 공부에는 전혀 관심이 없었다. 무기력한 대학 생활을 보낸 그는 취업하기 위해 백방으로 노력했지만, 상황은 꼬이기만 했다.

보험회사에 몇십만 원의 보증금을 내고 기본 급여 없이 보험 판매를 시작했지만 오래가지 못했다. 어느 날 졸업한 대학의 학과 주임을 찾아가 보험 가입을 권유했는데, 집에서 키우는 개들도 보험에 들었다는 냉랭한 답변에 그만두었다. 건강관리 회사인 줄 알고 찾아간 회사가 발마사지 숍인 적도 있었다. 그는 생계 때문에 어쩔 수 없이 반년 동안 그 회사에서 일했다.

여기저기 일곱 차례나 시원찮은 일자리들을 전전했지만 청웨이는 좌절하지 않았다. 단지 자신에게 맞는 일을 찾기 위해 부지런히 뛰어다니는 중이라고 생각했다. 훗날 창업했을 때 수많은 어려움을 극복할 수 있었던 힘은 어쩌면 일곱 차례나 직장을 전전하고 고생하면서 생긴 '맷집' 때문이었을지 모른다.

여러 차례 실패의 경험을 딛고 일어서본 사람은 강해진다. 웬만한 어려움도 대수롭지 않게 넘길 수 있는 여유로움이 생긴다. 그러나 실패를 경험해보지 않은 사람은 쉽게 좌절한다. 실패했을 때의 대처 방법을 모르기 때문이다.

중국 젊은이들의 우상인 알리바바의 마윈은 대표적인 '루저'였다. 30번이나 취업에 실패했다. 면접에서 탈락한 이유를 묻자 '얼굴이 못생겨서'라는 말까지 들었다. 마윈은 스스로를 '거절당하는 데 익숙한 사람'이라고 말하기도 한다. 하버드대학에 10번이나 떨어졌을 때도 자책하지 않았다. 대신 언젠가는 하버드대학에 가서 학생들을 가르치겠다고 다짐했다. 그리고 정말로 훗날 하버드대학의 초청을 받아 학생들을 대상으로 강연을 했다.

창업으로 부자가 된 사람들 중 실패가 두려워 도전을 포기한 사람은 없다. 위기와 실패를 겪지 않고 성공한 사람도 없다. 사람은 좌절과 실패를 견뎌내는 과정을 통해 강해진다.

청웨이는 한번 마음먹은 일은 일단 부딪치고 보는 성격이었다. 자신에게 맞는 직장을 찾지 못해 여기저기 헤매던 그는 알리바바가 좋다는 친구의 말을 듣고 알리바바에 입사하기로 결심했다. 그리고 바로 행동으로 옮겼다. 알리바바를 찾아가 안내 데스크에 가서 "알리바바에서 일하고 싶습니다."라고 당당하게 말한 것이다. 어리석은 행동인 줄 알면서도 일단 시도해본 것인데, 뜻밖에도 인사담당자를 연결해주었다. 결국 그의 열정을 높이 산 인사담당자가 면접의 기회를 주었고, 청웨이는 알리바바에 합격했다.

용기 내어 시도해본 당돌한 행동이 그의 운명을 바꾸었다. 안내 데스크에 이야기해봤자 소용없을 것이라고 단정하고 시도조차 하지 않았더라면 오늘날 그의 성공은 없었을지도 모른다.

알리바바에 취업하면서 그의 진가가 발휘되었다. 수출업체들을 찾아다니며 알리바바 B2B에 입점시키는 영업 업무에 그의 넉살과 적극적인 성격은 안성맞춤이었다. 취업에 여러 번 실패하고도 좌절하지 않고 적극적으로 도전한 그는 영업에 소질이 있었다. 알리바바는 인재를 채용할 때 학벌을 중요하게 생각하지 않는다. 오히려 최고 학벌보다는 한두 단계 아래의 지원자들을 더 선호하는 편이다. 비즈니스에는 학교에서 배운 지식보다 융통성 있는 지혜가 더 필요하다고 믿기 때문이다.

알리바바를 중국 최대의 전자상거래업체로 만든 마윈은 직원을 채용할 때 '최고의 인재가 아닌 최적의 인재'를 뽑으라고 말하곤 한다. 한때는 세계 최고의 인재들을 대거 채용하여 조직을 구성한 적도 있었다. 팀장급 이상의 간부가 되려는 직원들에게는 MBA를 이수하라고 독려하고, 해외 글로벌 기업에서 인재들을 스카우트해 데려오기도 했다. 하지만 결과는 만족스럽지 못했다. 배는 산으로 가기 일쑤였고, 이른바 엘리트 직원들은 자신들이 배우고 경험한 방식대로만 일하려는 경향이 있었다. 그러나 그런 방식은 중국에서는 통하지 않았다. 현지에 적응할 수 있는 유연한 사고가 가능한 사람이 필요했다.

이후 마윈의 인재관도 바뀌었다. 어디에서 공부했든, 직급이 무엇이든 상관없이 각 업무에 적합한 인재가 가장 좋은 인재라는 믿음이 생겼다. 이런 생각을 바탕으로 뽑은 알리바바 직원들에 대한 마윈의 자부심은 그 어느 기업가보다 크다.

청웨이는 알리바바에서 기본급 1500위안(약 25만 5000원)의 영업사원으로 출발했다. 수출 제품을 만드는 소규모 공장과 무역회사들을 찾아다니며 알리바바에 입점하고 제품을 해외에 팔도록 설득하고, 앱의 사용방법을 교육했다. 이 업무를 위해 전국에서 수천 명의 직원들이 경쟁했는데, 그는 입사한 지 1년도 채 되지 않아 베이징 지사에 선발되었다. 이때 그는 '군림천하君臨天下'라는 모토하에 팀을 꾸려 8개월 후 전국에서 판매 1위를 달성했다.

그의 뛰어난 영업 능력은 당시 북방 지역 총책임자였던 왕강의 눈에 띄었다. 왕강은 그에게 지역 매니저 자리에 지원해보라고 권유했는데, 청웨이는 24세의 나이로 최연소 지역 매니저가 되었다. B2B 영업에서 두각을 나타내던 그를 왕강이 온라인 결제 서비스인 알리페이 사업 부문으로 데리고 간 것은 2011년이었다. 청웨이는 그곳에서 알리페이 가맹점을 관리하는 일을 했는데, 훗날 왕강은 청웨이가 스타트업을 시작해 어려운 터널을 지날 때 첫 번째 투자자가 되어주기도 했다. 청웨이는 2012년 6월까지 알리바바에서 8년 동안 일하면서 밑바닥 영업사원으로 시작해 알리페이 B2C 사업 부문 부사장까지 승승장구했고, 영업, 제품관리, 경영관리를 모두 경험했다.

눈에 보이지 않는
새로운 시장을 창출하라

알리바바에서 그의 미래는 말 그대로 전도유망했다. 그러나 청웨이는 2012년 29세의 나이에 스타트업을 시작한다. 그는 창업 전 열 가지의 아이템을 생각하고 있었는데, 그중 주변의 반대가 가장 심했던 택시 호출 서비스 앱을 선택했다. 이를 창업 아이템으로 선택한 이유는 그가 몸소 느낀 생활 속 불편함 때문이었다. 알리바바에 근무하면서 항저우와 베이징을 왕복해야 할 일이 많았는데, 택시를 잡지 못해 비행기를 놓치는 일이 종종 있었던 것이다. 때로는 공항에서 한 시간씩 택시를 기다린 적도 있었다. 차량이 부족한 것은 아니었다. 단지 자신이 서 있는 곳에 택시가 없을 뿐이고, 택시는 승객을 찾아 무작정 돌아다니고만 있었다. 수요와 공급이 접점을 찾을 수 있는 시스템이 있다면 서로의 불편함을 해결할 수 있겠다는 것이 청웨이의 생각이었다.

그러나 이 아이템을 응원하는 사람은 아무도 없었다. 그는 알리바바에서 만난 유능한 동료들에게 자신의 사업구상에 대해 자문을 구했지만, 모두가 그를 말렸다. 택시 운전자들은 스마트폰도 없을 것이고, 있더라도 앱을 신뢰하지 않을 것이며, 택시비를 모바일로 결제한다는 것도 믿지 않을 것이라는 이유였다. 그러나 알리페이에서 2년 동안 B2C 사업 부문 부사장으로 일했던 그는 모바일 결제 서비스의 다양한 비즈니스 모델을 접하면서 그 가능성을 확신했다.

청웨이는 스타트업을 하는 청년들에게 "창업은 시장 기반이 성숙하지 않았을 때 시작해야 성공할 수 있다."고 조언한다. 현재는 스마트폰이 보편화되어 택시 운전자와 승객 모두가 사용할 정도로 시장이 성숙해 있는 상태로, 지금 누군가 택시 호출 앱 플랫폼을 만든다고 하면 성공 가능성은 매우 낮을 것이다. 창업은 눈에 보이지 않는 새로운 시장을 창출할 때 비로소 성공할 수 있다. 최초의 온라인 결제 시스템인 페이팔을 만든 피터 틸Peter Thiel은 "경쟁하지 말고 독점하라."라고 말한 바 있다. "Zero to One", 무에서 시작해 유일한 하나가 되라는 말이다. 아무도 발견하지 않은 시장에 최초로 뛰어들어 시장을 독점하라는, 그의 경험에서 나온 비즈니스 철학이다.

그러나 새로운 시장을 창출해내는 것은 결코 쉬운 일이 아니었다. 알리바바의 그늘에 있을 때와는 달리 현실은 냉혹했다. 택시 호출 앱을 만들려면 소프트웨어 엔지니어가 필요했는데, 직원을 채용하기가 부담스러웠던 청웨이는 외주를 맡겼다. 외주 제작한 소프트웨어가 완성되자 그는 들뜬 마음으로 택시 호출 앱 소프트웨어를 자랑하고 조언도 받기 위해 친분이 있던 왕싱을 찾아갔다. 왕싱은 알리바바에서 소프트웨어 엔지니어로 일했던 동료로, 퇴사 후 중국 최대의 음식 배달 서비스 앱인 '메이퇀'을 창업한 실력자였다. 제품을 본 왕싱은 단호하게 '쓰레기'라고 말했다. 결국 기술 파트너를 찾아야 한다는 결론에 다다른 청웨이는 알리바바, 텐센트, 바이두의 엔지니어들을 소개받아 만나보았지만, 자금력도 풍부하지 않고 미래도 불확실한 스타트업에 같이 참여해보겠다는 사람은 없었다. 각고의 노력 끝에 사용 가능한 소프트웨어가 어렵게 완성되자 이번에는 사용자를 찾는 것이 문제였다.

택시 호출 앱 소프트웨어를 사용할 택시 운전자를 모집하기 위해 두 달 동안 189개의 택시회사를 찾아다녔다. 알리바바에서는 영업으로 승승장구하던 그였지만 택시회사를 설득하는 것은 쉽지 않았다. 오직 한 회사에서만 시간을 얻을 수 있었다. 그나마도 주어진 시간은 단 15분이었다. 100여 명의 택시 운전자들 앞에서 호출 앱을 소개했지만, 경청하는 사람은 없었다. 그러나 알리바바에서 좌절하지 않는 힘을 길러낸 그는 포기하지 않고 해결 방법을 찾기 위해 노력했다.

2012년 9월, 택시 호출 앱을 본격적으로 런칭했을 때 앱을 사용하는 택시 운전자는 16명에 불과했다. 그 16명마저 포기할 수는 없었다. 청웨이는 "예약하는 사람이 없으면 내가 프로그램을 사용할 사람을 찾겠다."며 승객을 직접 찾아 나섰다. 사람을 고용해 매일 400위안씩 주고 베이징 시내 주변을 돌며 앱을 사용해 택시를 호출하라고 시키기까지 했다. 그러던 그해 겨울, 큰 눈이 내리자 1000건의 호출이 발생했다.

청웨이는 사용자 의견을 반영하여 프로그램을 끊임없이 수정 및 보완하면서 서비스를 업그레이드했다. 음성호출, 출퇴근 예약 등 편리한 기능들을 추가하며 고객을 확보했다. 서비스 출시 6개월 만에 수십만 명의 사용자를 확보하면서 텐센트의 투자를 받기도 했다. 2014년 1월부터는 보조금 지급 정책 사용으로 2주 만에 호출 건수가 50배 증가했고, 40대의 서버로는 수용 불가능한 수준이 되었다. 텐센트에 도움을 요청하자 정예 기술자들이 하룻밤 만에 1000대의 서버를 구축해주기도 했다. 3월에는 사용자가 1억 명을 넘었고, 하루 평균 호출이 5만 건을 넘었다. 그리고 이 택시 호출 앱은 하루 평균 가장 거래가 많은 앱으로 자리 잡았다.

이익을 위해서라면
적과의 동침도 불사한다

'오월동주吳越同舟'라는 중국 고사성어가 있다. 이는《손자병법》에 나오는 말로, 서로 원수지간인 오나라와 월나라가 같은 배를 탄다는 뜻이다. 춘추시대에 오나라 왕과 월나라 왕은 원수지간이었다. 월나라 왕이 죽자 그의 아들 구천이 오나라를 공격해 그 왕을 죽였는데, 이후 오나라 왕의 아들 부차에게 구천이 다시 패했다. 두 나라 간에 원한은 더욱 깊어졌다. 이를 두고 손자는 오나라와 월나라가 원수지간이지만, 바다에서 풍랑을 만나 죽을 위험에 처한다면 서로 도울 것이라고 말했다. 즉, 아무리 서로 미워하는 원수 사이라도 공동의 목표가 있다면 서로 협력할 수 있다는 뜻이다.

중국 기업가들은 실리를 위해서라면 이처럼 적과의 동침도 불사하는 유연성을 가지고 있다. 차량 공유 회사인 디디추싱은 원래 디디다처滴滴打車와 콰이디다처快的打車 두 회사가 하나로 합병되어 탄생한 기업이다. 청웨이는 2012년 베이징에서 디디다처를 설립했고, 콰이디다처는 같은 해 항저우에서 설립되었다.

이 두 회사의 치열한 경쟁은 알리바바와 텐센트가 모바일 결제 시스템 시장을 서로 장악하려는 과정에서 발생했다. 일상생활에서 모바일 결제가 가장 많이 쓰일 수 있는 곳 중 하나가 차량 호출 서비스였다. 텐센트는 디디다처에, 그리고 알리바바는 콰이디다처에 각각 대규모로 투자하면서 모바일 결제 시장을 장악하기 위해 치열한 격전을 벌였다. 디디다처와 콰이디다처는 택시 승객과 운전자에게 서로 보조금을 지급하기도 했다. 이를 두고 사람들은 디디다처와 콰이디다처의 경쟁이 아니라 텐센트와 알리바바의 싸움이라고 말하기도 했다.

설상가상으로 당시 세계 최대 차량 공유 업체였던 우버가 중국 시장에 진출해 바이두로부터 6억 달러의 투자를 받았다. 중국의 구글로 불리는 바이두는 자사 모바일 지도와 검색 앱을 우버 서비스와 결합시켰다. 이는 또한 바이두의 모바일 결제 시스템인 바이두 월렛의 사용자를 확보할 수 있는 기회이기도 했다. 우버차이나와 바이두의 협력으로 공유 자동차 서비스는 3파전의 새로운 형국으로 펼쳐졌다. 승리를 위해 막대한 보조금을 쏟아붓자 시장 쟁탈전은 더욱 치열해졌다.

2년 동안 과다출혈 경쟁에 지친 디디다처와 콰이디다처는 보조금 전쟁을 끝내기로 한다. 2015년 2월, 디디추싱이라는 이름으로 두 회사의 전략적 합병이 이루어진 것이다. 그러나 이렇게 합쳐진 디디추싱은 시장 장악을 위해 우버차이나와 또다시 보조금 전쟁을 벌여야 했다. 보조금 전쟁은 밑 빠진 독에 물 붓기였다. 우버차이나는 세계 최대의 차량 공유 시장이 될 중국을 놓칠 수 없다며 2015년과 2016년 2년 동안 약 20억 달러를 쓰면서 무리한 투자를 계속했다. 결국 2016년에 디디추싱은 우버차이나까지 합병하면서 차량 공유 서비스 시장을 독식하게 되고, 모바일 결제 시장을 장악하기 위한 중국의 거대 IT 공룡 BAT의 치열한 경쟁의 최대 수혜자로 BAT 세 곳 모두에게 투자받은 유일한 회사가 되었다.

서로 원수지간이라도 공동의 목적을 달성하기 위해 협력해야 한다는《손자병법》의 가르침은 옳았다. 디디다처와 콰이디다처의 합병은 그것을 증명했다. 보조금 지급을 중단하여 출혈경쟁을 없애 불필요한 지출을 막았으며, 끝이 안 보이는 소모전 대신 미래사업을 위해 역량을 집중시켰다. 그리고 시장 장악력을 높여 우버차이나까지 합병했으니, 결국 두 회사가 모두 윈윈한 전략적 합작이었다.

나의 부족함을 채울
파트너를 과감하게 영입하라

디디다처와 콰이디다처를 합병하여 디디추싱을 탄생시키고
우버차이나까지 흡수하는 데 가장 큰 역할을 한 것은 1978년
생 류칭柳青이다. 그녀는 세계 최대 PC 업체인 레노버 회장 류
촨즈柳傳志의 딸이자 베이징대학과 하버드대학에서 공부한 수
재였다. 또한 청웨이가 설립한 디디다처에 합류하기 전까지 글
로벌 투자은행인 골드만삭스 아시아태평양지역 총책임자로
일하고 있었다. 화려한 '스펙'과 경력을 가진, 이른바 특급 엄친
딸이었다. 그런 류칭을 청웨이는 자기 사람으로 만들어 결국
택시 호출 서비스 시장을 평정하고, 세계적인 기업들로부터 거
액의 투자금을 끌어들여 글로벌 진출의 발판을 마련하는 데 초
석을 다졌다.

먼저 호감을 표한 것은 류칭이었다. 미국 골드만삭스에 근
무할 때 그녀는 당시 세계 최대 차량 공유 업체였던 우버에 투
자한 경험이 있었다. 공유 차량 사업에 대해 이미 상당한 지식
이 있던 그녀는 골드만삭스 아시아태평양지역 총책임자로 부
임했을 때 디디다처에 주목하고 여러 차례 투자를 제안했지만
청웨이는 매번 거절했다. 2014년 6월, 류칭은 투자에 대해 의

논하기 위해 직접 디디다처를 방문했는데, 이때는 이미 텐센트와 중신中信 그룹으로부터 1억 달러를 투자받은 뒤였다. 투자를 못 하게 된 류칭은 "차라리 당신 밑에서 아르바이트를 하겠다."라고 농담을 했는데, 청웨이는 이 말을 놓치지 않았다. 이후 3일 동안 류칭을 영입하기 위해 매일 끈질기게 설득했다. 알리바바에서 영업으로 잔뼈가 굵은 청웨이는 특유의 친화력과 입담으로 그녀를 디디다처의 COO(최고운영책임자)로 영입하는 데 성공한다. 그녀는 중국 골드만삭스에서 일할 때 가장 투자하고 싶은 기업 중 하나가 디디다처였기 때문에 이미 회사 비전에 대해 꿰뚫고 있었다. 그녀가 400만 달러의 연봉을 포기하고 디디다처를 선택하는 데에는 오랜 시간이 걸리지 않았다.

두 사람의 조합은 환상적이었다. 알리바바에서 청웨이의 능력을 알아보고 첫 번째 투자자가 되어주었던 왕강은 류칭과도 친분이 있었다. 왕강은 이 두 사람의 결합을 최고의 조합이라고 평가했다. 실제로 청웨이의 추진력과 시장 장악력, 그리고 류칭의 넓은 인맥과 재무 경험은 서로 부족한 부분을 채워 시너지 효과를 볼 수 있는 최고의 조합이었다.

청웨이는 인재를 써서 본인이 못 하는 일을 해낼 줄 알았다. 류칭은 디디다처의 대외 업무에서 간판 역할을 톡톡히 했다. 2015년 디디다처와 콰이디다처를 합병할 때도 인맥이 좋은 그녀는 이들의 투자자인 텐센트와 알리바바를 설득하며 디디추싱 탄생에 주도적 역할을 했다. 2016년 8월 우버차이나와 합병할 때도 재무투자 쪽에서 글로벌 감각을 유감없이 발휘했다. '중국판 우버'라고 불리던 디디추싱이 중국 시장에서 진짜 우버를 삼키는 데 일조한 셈이다.

투자를 받는 데도 뛰어난 능력을 발휘했다. 2016년 우버차이나를 합병하기 전 류칭은 애플의 CEO인 팀 쿡을 직접 만나 애플로부터 10억 달러의 투자를 성사시켰다. 애플이 우버차이나가 아닌 디디추싱에 투자한 것은 당시 중국 시장에서 고전하던 우버차이나의 사기를 한풀 더 꺾는 상징적인 사건이었다.

디디추싱은 또 2017년 5월 소프트뱅크의 손정의에게 50억 달러의 투자를 받았다. 디디추싱이 추진 중인 55억 달러 규모 증자의 90퍼센트 이상을 소프트뱅크가 담당하기로 한 것이다. 당시 중국 IT 스타트업의 단일 펀딩으로는 사상 최대 금액이었다. 이 펀딩은 해외 진출, 자율주행, 인공지능 분야에 사용할 목적으로 받은 것이다. 이렇게 디디추싱이 알리바바, 텐센트, 바이두, 애플, 소프트뱅크까지 굵직한 곳으로부터 투자를 이끌어낼 수 있었던 데에는 류칭의 역할이 컸다.

청웨이는 2015년 2월, 류칭을 예우하여 디디추싱의 사장 자리인 총재總裁로 앉혔다. 그가 류칭을 영입한 것은 회사를 더 큰 기업으로 만들 수 있는 유일한 사람이라는 확신이 있었기 때문이다. 류칭은 그의 예상대로 디디추싱의 어깨에 날개를 달아주었다. 청웨이는 류칭이 없었다면 디디다처와 콰이디다처의 합병도, 디디추싱과 우버차이나의 합병도 불가능했을 것이라며 류칭의 능력으로 회사가 더욱 성장했다고 말한다. 파이를 더 크게 키울 수 있는 능력을 갖춘 류칭이 총재로서 회사

를 이끄는 것이 더 실리적이라는 판단은, 자신의 영향력이 줄
어드는 것으로 일반 사람이라면 내리기 힘든 결단이다. 이는
청웨이의 대인적 면모를 엿볼 수 있는 선택이라고 할 수 있다.

디디추싱의 경쟁상대는 우버가 아닌 구글

청웨이는 "디디추싱의 경쟁상대는 구글"이라고 말한다. 동종
업종인 우버와의 경쟁을 넘어 그 이상의 미래를 준비하고 있기
때문이다. 디디추싱은 중국에서 90퍼센트 이상의 시장을 점유
하며 업계의 맹주로 자리 잡은 후 M&A 또는 지분투자의 방식
으로 미국, 브라질, 인도, 싱가포르, 중동, 호주, 일본 등 해외시
장을 적극적으로 개척하고 있다. 그리고 인공지능과 자율주행
분야에 대한 연구도 한창이다. 미래 자동차산업에 대한 청사진
을 그리고 있기 때문이다.

전문가들은 미래 자동차산업은 무인 자율주행 자동차와 차
량 공유 서비스의 결합 형태가 될 것이라고 예측한다. 무인 자
율주행과 차량 공유, 이 두 가지 기능이 결합되면 언제 어디서
나 부르면 달려오는 무인택시 시대가 가능해진다.

또 미래에는 자율주행 자동차의 높은 가격 때문에 자동차
소유에 대한 개념이 희박해질 것이라고 한다. 인공지능, 빅데
이터, 5G 등 첨단기술이 모두 집약적으로 들어가는 만큼 일반

인들이 사기 쉽지 않은 높은 가격대를 형성할 것이기 때문이다. 대신 차량 공유 서비스 업체가 무인 자율주행 자동차를 대량으로 구매할 것으로 보고 있다. 차량 공유 서비스 업체가 무인 자율주행 자동차 1대를 운행하면 개인 차량 15대를 운행하는 것과 맞먹는 효과를 낸다고 한다. 24시간 운행으로 효율성을 높인다면, 업체도 이익이고 소비자는 고가의 차량을 낮은 비용으로 이용할 수 있을 것이다.

구글은 2009년부터 구글맵스를 바탕으로 무인 자율주행 자동차를 연구했다. 안드로이드 OS 개발로 스마트폰 시장의 판도를 바꾼 경험을 가진 구글이 마찬가지로 무인자동차 운영체제를 선점해 미래 자동차 시장을 지배하려고 하는 것이다. 애플의 팀 쿡이 디디추싱에 10억 달러를 투자한 것 역시 차량용 운영체제 개발을 위해 디디추싱의 거대 시장을 기반으로 한 빅데이터가 필요했기 때문이다. 구글이 우버와 같은 차량 공유 업체에 투자하고 수집한 데이터를 알고리즘에 반영한 것과 같은 이치다.

구글은 여기에 더해 무인 자율주행과 차량 공유를 결합시키고 있는 중이다. 직접 자율주행 기반의 차량 공유 서비스 사업을 시작한 것이다. 아직 초기 단계지만 구글의 사업 여정을 통해 미래 자동차산업의 윤곽이 드러나고 있다.

청웨이가 디디추싱의 경쟁상대는 구글이라고 말한 이유가 여기에 있다. 디디추싱 역시 무인 자율주행과 차량 공유를 결합시켜 미래 자동차 시장을 선점하고자 하는 목표를 가지고 있기 때문이다. 디디추싱의 자율주행 자동차 연구는 구글에 비하면 한참 뒤처진 것이 사실이다. 하지만 중국이라는 거대 시장을 통해 확보된 엄청난 양의 빅데이터 등 우세한 면도 있다. 24시간 도로망, 교통법규, 신호체계, 고객분석 등 실시간으로 축적된 데이터가 많을수록 완벽한 자율주행 시스템을 만들 수 있기 때문이다. 전문가들이 '데이터를 많이 가진 기업이 미래 자동차 시장을 장악할 것'이라고 말하는 이유다.

디디추싱의 자율주행 전문 자회사의 CEO는 장보張博다. 그는 현재 디디추싱의 CTO를 겸하고 있다. 장보는 청웨이가 처음 창업하고 파트너로 함께 일할 엔지니어를 여기저기 수소문하여 찾아다니다가 거절만 당한 끝에 온라인에서 우연히 만나 의기투합했던 인물이다. 청웨이는 당시 그를 '하늘이 주신 선물'이라고 표현할 정도로 운명이라고 여겼다. 청웨이는 이와 관련해 젊은 창업자들에게 뜻이 있으면 인연은 반드시 나타난다고 조언한다.

한때 발마사지 숍에서 일했던 청웨이가 최첨단산업인 미래 자동차산업을 열어가고 있다. 그가 특별해서가 아니다. 누구에게나 잠재력은 있다. 간절한 갈구가 운명을 바꾼 살아 있는 사례가 바로 청웨이다.

청웨이 程維

1983년	장시성 출생
2004년	베이징화공대학 행정관리학과 졸업
2005년	알리바바 입사
2012년	디디다처 창업
2015년	디디다처와 콰이디다처 합병으로 디디추싱 탄생
2016년	우버차이나 합병
	《포브스》'올해의 기업가' 선정
2017년	《포춘》'중국에서 가장 영향력 있는 비즈니스 리더 50인' 및 '세계 비즈니스 리더 40세 이하 40인' 선정
	《포브스》'글로벌 게임 체인저' 선정
	《타임》'테크 분야 가장 영향력 있는 20인' 선정
2018년	《포춘》'중국에서 가장 영향력 있는 비즈니스 리더 50인' 선정
2019년	《포춘》'중국에서 가장 영향력 있는 비즈니스 리더 50인' 선정

제2부

CHINA'S
YOUNG
RICH

레드오션에

그물을
던지다

치열한 경쟁의 정글 한가운데서 성공하는 것은 쉽지 않다. 레드오션은 강자들을 중심으로 시장이 이미 안정화되어 있기 때문에 자본, 기술, 인력이 부족한 스타트업이 그 속에서 살아남는 것은 더욱 어렵다.

중국의 젊은 부자들은 레드오션에서도 기회를 만든다. 그러나 강자들의 성공방식을 거부한다. 기존의 성공 방정식으로는 성공할 수 없다는 것을 너무도 잘 알기 때문이다. 그들은 자기만의 새로운 방식으로 시장에 접근해 성공한 사람들이다.

전자상거래 업체인 핀둬둬를 설립한 황정은 알리바바와 징둥이 거의 독점하다시피 한 중국 전자상거래 시장에 뛰어들어 3년 만에 2위였던 징둥의 사용자 수를 뛰어넘고 알리바바를 긴장시키고 있다. 핀둬둬는 SNS인 위챗을 이용해 여러 명이 모일수록 가격이 내려가는 공동구매 방식이라는 새로운 비즈니스 모델을 만들어 급속하게 사용자를 확보했다.

베이베이왕은 엄선한 공장과 합작하여 제품을 만들고 소비자와 직거래하는 새로운 비즈니스 모델을 만들어 거대 기업과 직접적인 가격경쟁을 피했고, 베이베이왕에서 판매되는 제품의 80퍼센트가 알리바바의 티몰보다 저렴할 정도로 가성비 좋은 유아동 전문 사이트로 자리 잡았다.

시차는 이미 포화상태인 중국의 식음료업계에 새 바람을 일으켰다. 우직한 정직함은 새로운 비즈니스 모델이 되었다. 정직한 재료로 진짜 밀크티를 만들겠다는 기본에 충실한 비전은 소비자들을 몇 시간씩 줄을 서서 기다리게 했다.

오요를 설립한 아가왈은 위생, 안전 등을 최우선시하여 저가형 호텔들의 객실을 표준화하는 새로운 접근 방식으로 메리어트 호텔을 위협하는 존재로 성장했다. 외국기업이 성공하기 어렵다는 중국에서 크게 약진하고 있는 오요의 비결은 바로 현지화다. 현지 소비자들의 마음에 들도록 제품을 만들어 판매하는 것도 현지화지만, 오요는 이를 뛰어넘어 현지인들과 윈윈 구조를 만들어내는 방식으로 단기간에 중국 시장을 흡수했다.

이미 포화상태인 레드오션이라고 해서 소비자에게 완벽한 시장은 아니다. 레드오션에도 비합리적이거나 개선해야 할 부분, 사람들이 불만을 가진 부분이 있다. 불편하고 비합리적인 것에 익숙해지는 것이 아니라 그것을 개선하려고 노력할 때 비로소 레드오션에서 기회를 찾을 수 있다.

사양산업이든 레드오션이든 시각을 바꾸어 세밀하게 들여다보고 혁신을 꾀하면 새로운 부를 창출할 수 있다.

역발상으로 시장을 찾은 황정

핀둬둬 창업자

회사 설립 4년 만에 4억 명이 넘는 회원을 확보하고, 중국에서 거대 공룡 알리바바에 이어 2위 업체로 성장한 전자상거래 스타트업이 있다. 바로 2015년 설립된 핀둬둬拼多多이다. 역발상과 혁신적 방식으로 급성장한 핀둬둬는 설립 3년 만인 2018년, 미국 나스닥에 상장하여 당일 종가 기준 시가총액 295억 달러를 기록하며 신흥강자로 부상했다. 2019년 8월 30일 시가총액에서 핀둬둬(391억 달러)는 중국 최고 인터넷 기업 BAT 중 하나인 바이두(365억 달러)를 제쳐 다시 한 번 주목을 받았다.

핀둬둬를 설립한 황정黃峥의 자산은 2019년 《포브스》가 발표한 세계 억만장자 순위에서 135억 달러로 94위를 기록했다. 흙수저 출신인 그는 '2019년 글로벌 자수성가형 부호 순위'에서 페이스북의 마크 저커버그에 이어 2위에 오르기도 했다.

황정은 '제2의 마윈'으로 불린다. 이미 레드오션이 된 중국의 전자상거래 시장에서 알리바바, 징둥과 같은 기존 강자들의 게임 규칙을 깨고 새로운 강자로 급부상하며 업계에 파란을 일으켰다. 기존 강자들이 구매력이 높은 대도시 소비자를 공략할 때 핀둬둬는 농촌 소비자에 집중했다. 또 가격에 민감한 소비자들을 위해 SNS를 통해 사람을 많이 모을수록 가격이 내려가는 독특한 공동구매 방식을 창안했다.

산에 호랑이가 있는 줄 알면서도 기어이 산에 오른다

중국에서는 핀둬둬를 이야기할 때 흔히 "산에 호랑이가 있는 줄 알면서도 기어이 산에 오른다明知山有虎 偏向虎山行"라는 고사성어를 빗댄다. 알리바바, 징둥 등 규모와 자금력에서 비교할 수 없을 만큼 큰 전자상거래 업체들이 이미 탄탄하게 자리 잡고 있는 시장에 용감하게 도전했기 때문이다. 중국의 자수성가형 젊은 부자들 중 위험을 감수하지 않고 큰돈을 번 사람은 없다. 설령 주변에서 무모한 게임이라고 하더라도 실패를 두려워하지 않고 도전하는 데 주저함이 없다.

2015년 처음 핀둬둬를 설립할 때만 해도 황정에게 알리바바와 징둥은 감히 뛰어넘을 엄두도 낼 수 없는 거대한 산과 같은 존재였다. 자금력이 부족한 후발주자가 선두주자의 노하우를 그대로 답습하면 성공할 확률은 거의 없다. 황정은 처음부터 호랑이와 맞붙는 것은 어리석은 짓이라고 판단했다. 호랑이를 피해서 갈 수 있는 다른 길을 찾아야 했다.

그래서 그는 기존의 전자상거래 업체들이 소홀히 하는 부분에 집중했다. 사실 성공사례라는 것은 강자들의 논리다. 누군가 이런저런 방법으로 성공했다고 하면 그것이 곧 성공의 법칙이 되는 것이다. 그러나 성공에 정답은 없다. 산 정상에 오르는 길이 여러 갈래가 있듯 성공에 이르는 방법도 여러 가지다. 황정은 기존과 다른 성공의 법칙을 만들어냈다.

약자인 후발주자가 기존 강자를 이길 수 있는 유일한 방법은 강자의 손길이 닿지 않는 곳에서 일단 힘을 기르는 것이다. 대부분의 전자상거래 업체가 경제력이 탄탄한 대도시 젊은 여성을 공략할 때 황정은 농촌 주부를 주요 타깃으로 삼았다. 알리바바와 징둥이 프리미엄 시장을 선점하기 위해 경쟁을 벌일 때 황정은 반대로 저가 시장에 집중했다.

그렇게 황정은 전자상거래의 판도를 바꾸는 데 성공했다. 회사 설립 3년 만인 2018년 6월, 핀둬둬의 연간 활성 사용자 수가 3억 4000만 명에 이르른 것이다. 징둥의 3억 1000만 명을 뛰어넘고, 5억 9000만 명인 알리바바에 이어 2위를 차지했다. 시장의 판도를 뒤엎고 핀둬둬가 혜성처럼 등장하자, 오히려 알리바바와 징둥이 스타트업인 핀둬둬를 따라 하기 시작했다. AI 도입, 공동구매, 특가판매, 농촌시장 공략 등 핀둬둬를 모방하고 있는 것이다. 핀둬둬는 새로운 성공 방정식을 만들어가고 있다.

황정은 남들이 가지 않은 길을 선택하는 데 익숙하다. 인생을 좌우하는 중요한 선택의 기로에서 남들이 가지 않은 길을 가는 것은 결코 쉬운 일이 아니다.

특히 첫 직장을 선택하는 순간은 누구에게나 불안하다. 어떤 직장을 선택하느냐에 따라 향후 인생의 흐름이 바뀔 수 있기 때문이다. 동서양을 막론하고 일반적으로 청년들은 대기업을 선호한다. 안정된 직장이 나머지 인생을 책임져줄 수 있을 것 같다는 막연한 기대 때문이다.

그러나 중국의 젊은 부자들은 안전한 울타리 속에 스스로를 가두는 대신 자기만의 세상을 펼치는 위험을 기꺼이 감수한다. 황정 역시 보통의 친구들과 다른 선택을 했고, 결국 그것이 오늘날 부자가 될 수 있는 발판이 되었다. 미국 위스콘신대학에서 컴퓨터공학을 전공하여 대학원을 졸업할 무렵, 교수의 추천으로 IBM, 마이크로소프트 등 굵직한 글로벌 기업들로부터 취업 제안을 받았다. 그러나 황정은 모두 거절했다. 남들이 부러워하는 신의 직장을 거절하고 그가 선택한 것은 당시 실리콘밸리에서 이제 막 부상 중이던 구글이라는 스타트업이었다. 실리콘밸리의 스타트업 중 80퍼센트 이상이 실패하는 가운데, 안정된 직장을 포기하고 스타트업을 선택하는 것은 모험이었다. 그러나 그가 입사한 지 3년 만인 2004년, 구글의 시가총액은 5배 이상 껑충 뛰었다. 그가 입사 때 받은 스톡옵션은 든든한 창업 밑천이 되었다.

농촌에서
도시로 포위하라

약자가 강자를 무너뜨리기 위해서는 강자와는 다른 전략이 필
요하다. 중화인민공화국이 설립되기 전 장제스가 이끄는 국민
당과 마오쩌둥이 이끄는 공산당은 치열한 싸움을 전개했다. 당
시 국민당은 미국으로부터 자금과 무기를 지원받으며 대도시
를 장악한 강자였고, 공산당은 국민당과 비교할 수 없는 약자
였다. 그럼에도 불구하고 공산당이 대륙에서 국민당을 몰아내
고 중국을 지배할 수 있게 된 이유는 무엇일까?

　국민당이 부정부패로 중국의 일반 대중들로부터 민심을 잃
어가고 있을 무렵이었다. 공산당은 먼저 농촌을 혁명 기지로
삼아 민심을 얻은 후 도시를 포위해나가자는 전략을 세웠다.
마오쩌둥은 아무도 관심 갖지 않는 농촌이, 국민당의 눈을 피
해 세력을 확장하기에 적격이라고 판단했다. 그래서 농민들
을 포섭하기 위해 농민을 약탈하고 괴롭히는 당원을 엄격하게
처벌하는 등 많은 노력을 했다. 그렇게 농촌에서 민심을 얻어
도시로 세력을 확대한 공산당은 결국 중국 대륙 정복에 성공
한다.

　중국에는 마오쩌둥의 '농촌에서 도시로' 전략을 활용해 성

공한 사례들이 적지 않다. 대표적인 경우가 화웨이다. 지금은 세계 최대 통신장비업체가 된 화웨이도 처음 시작은 미약했다. 화웨이를 설립한 런정페이任正非는 인민해방군 통신병 출신이었다. 군을 나와 창업하여 통신장비를 만들었지만, 판로개척이 만만치 않았다. 당시 중국은 개혁개방 이후 유선전화에 대한 수요가 폭발적으로 증가하고 있던 터였다. 대도시는 에릭슨을 비롯한 글로벌 통신회사들이 장악하고 있었는데, 기술력이 부족한 화웨이가 글로벌 기업들과 경쟁하는 것은 버거운 일이었다.

한편 도시와 마찬가지로 유선전화에 대한 수요는 농촌에서도 급증하고 있었다. 그래서 런정페이는 당시 글로벌 기업들의 관심 대상이 아니었던 농촌 지역을 공략했다. 경쟁이 치열하지 않은 농촌시장을 공략하면서 기술, 경험, 영업망을 축적해 점점 도시 중심을 향해 나아갔다. 그리고 마침내 1999년, 다른 글로벌 기업들을 제치고 중국 시장에서 1위 통신장비업체로 우뚝 섰다.

해외에 진출할 때도 마찬가지 전략을 사용했다. 1997년부터 30~40퍼센트 저렴한 가격을 무기로 삼아 동남아, 인도, 중동, 남미, 아프리카 시장부터 진출한 후 2001년 유럽 시장을 공략하고, 2003년에는 미국 시장에 진출했다. 저개발국이나 개발도상국 진출을 시작으로 선진국으로 나아가는 단계별 전략을 사용한 것이다. 그런 과정 속에서 축적한 기술로 화웨이는 2012년, 세계 1위이던 통신장비업체 에릭슨을 매출과 순이익

면에서 모두 추월하며 세계 최대의 통신장비업체가 되었다.

황정 역시 '농촌에서 도시로' 전략을 사용했다. 중국 전자상거래 발전 초기에 업체들은 인터넷이 원활하고 구매력이 높은 대도시 지역을 타깃으로 했다. 알리바바 산하 쇼핑몰인 타오바오는 미국 무역대표부USTR로부터 2011년과 2016년, 2017년 세 차례나 '악덕시장Notorius Market'으로 분류되는 등 세계적으로 짝퉁 소굴이라는 불명예를 안게 되자 정품 판매업체를 보호하기 위해 짝퉁 제품을 퇴출시키고 명품 브랜드들과 손잡는 등 다양한 방면으로 노력했다. 알리바바의 경쟁자 징둥은 처음부터 정품만 취급한다는 원칙을 고수해 이미 믿을 수 있는 사이트로 탄탄하게 자리 잡고 있었다. 정품을 보장하기 때문에 해외직구 사업 역시 활발했다. 중국에서 전자상거래의 양대 산맥이라 할 수 있는 알리바바와 징둥은 정품 판매와 해외직구 사업에 신경 쓰며 소비 수준이 높은 동부 연안의 대도시를 중심으로 마케팅을 펼쳐나갔다. 두 업체 모두 고급화 전략으로 고가의 프리미엄 시장을 선점하기 위해 치열하게 경쟁했다.

이때 황정은 반대로 생각했다. 농촌의 소비의식 수준과 구매력이 대도시와는 다르다는 점에 주목하고, 20~30대 도시 여성이 아닌 농촌 여성들을 타깃으로 공략했다. 특히 고가의 프리미엄 제품 대신 가정주부들이 부담 없이 구매할 수 있는 저가 제품에 집중했다. 이렇게 농촌에서 확고하게 자리 잡은 뒤 도시로 영향력을 확대한 핀둬둬의 구매 고객층은 현재 농촌과 도시에서 고르게 분포되어 있다.

중국에서 '농촌에서 도시로' 전략은 대기업과 경쟁할 여력이 안 되는 중소기업이 자주 사용하는 전략이다. 강자를 피해 조용히 실력을 키우면서 점진적으로 세력을 확대해가며 역량을 키워 또 다른 신흥강자가 되는 패턴이다.

게임의 규칙을 다시 만들라

성공한 기업의 성공방식을 그대로 따라 해서는 성공 확률이 낮다. 완전히 새로운 방법으로 승부수를 띄워야 한다. 황정의 마케팅 전략 역시 남달랐다. 다른 경쟁 업체들이 마케팅에 어마어마한 비용을 쏟아부을 때 그는 소비자의 힘을 믿고 공동구매 방식을 활성화시켰다. 공동구매의 매력은 소비자는 보다 저렴한 가격으로 제품을 구매하고, 상품 공급업체는 대량판매를 통해 이윤을 남길 수 있다는 것이다. 이런 전략은 회사명에서도 짐작할 수 있다. 핀둬둬의 '핀拼'은 '모으다', '둬둬多多'는 '더 많이'라는 뜻으로 사람들이 많이 모이면 모일수록 가격이 더 저렴해진다는 의미를 내포하고 있다.

예를 들어 원래 가격이 100위안일 경우 20명이 공동구매를 하면 50위안으로 저렴해지고, 40명이 모이면 30위안으로 가격이 떨어지는 방식이다. 상품에는 원래 가격과 공동구매 가격 두 가지가 표시되는데, 사람이 많이 모일수록 가격이 더 싸지기 때문에 소비자들은 공동구매에 적극 동참하게 되고, 충동구매도 서슴지 않는다. 사실 황정은 핀둬둬를 설립하기 전에 게임회사를 창업했던 경험이 있는데, 공동구매 방식에 이런 게임의 오락적 요소를 살려 구매에 재미를 더했다.

특히 핀둬둬의 공동구매는 중국의 현대판 꽌시인 SNS를 활용했다는 점에서 특별했다. 꽌시는 중국에서 강력한 신뢰를 바탕으로 구축된 관계를 뜻한다. 꽌시가 있는 사람이 하는 말이라면 일단 믿고 보는 것이 중국인의 정서다. 중국인들은 물건을 직접 써보지 않았어도 신뢰하는 사람이 좋다고 말하면 믿고 산다. 중국에서 꽌시를 통한 입소문만큼 확실한 홍보수단은 없다. 황정은 입소문을 내기 위한 방법으로 중국인들의 필수 소통수단인 모바일 메신저 위챗을 활용했다. 위챗은 약 11억 명이 사용하고 있는 중국의 국민 메신저다. 그는 위챗과의 제휴를 통해 위챗 아이디로 핀둬둬에 로그인하고 위챗페이로 결제할 수 있도록 편의성을 높였다. 그리고 위챗에서 지인과 상품 정보를 공유하여 공동구매를 유도했다.

저렴한 비용으로 제품을 구입하기 위해 친구를 열심히 설득하고, 친구는 믿을 수 있는 사람의 권유에 설득당한다. 그리고 그 친구는 또 다른 친구를 설득한다. 꼬리에 꼬리를 무는 이런 방식은 물건 판매뿐 아니라 홍보 마케팅과 회원가입 유도에도 상당히 효과가 좋았다. 공동구매에 참여한 사람 모두 저렴한 가격으로 물건을 구입할 수 있지만, 공동구매에 참여하는 사람이 많을수록 처음 공동구매를 주도한 사람의 구매 가격은 점점 더 내려가고 심지어 무료로도 상품을 받을 수 있도록 해 홍보를 스스로 하게 만든 것이다.

소비자는 기업이 작성한 광고 문구보다 SNS에서 신원을 확인할 수 있는 지인의 말을 신뢰한다. 특히 중국에서는 TV 광고보다 직접 제품을 써본 지인의 상품평 한마디를 더 믿는 편이다. 황정은 각 소비자가 지인에게 직접 제품을 설명하는 영업사원 역할을 하기 때문에 별도의 마케팅 비용을 들이지 않고 구전 마케팅만으로도 효과를 톡톡히 볼 수 있는 비즈니스 모델을 만들어냈다. 더구나 핀둬둬가 주요 타깃으로 삼은 농촌 여성들은 가격에 민감하지만 한번 좋다고 판단하면 적극적으로 지인에게 추천하는 경향이 있어 구전 마케팅에 안성맞춤이었다.

꽌시 문화가 깊숙이 자리 잡은 중국에서는 지인의 입에서 입으로 전하는 구전 마케팅이 특히 효과가 좋은 홍보수단이다. 중국에서 서비스의 대명사로 꼽히는 하이디라오 역시 쓰촨에서 테이블 4개로 시작해 중국 최대 외식업체로 성장하기까지 구전 마케팅의 효과가 컸다. 하이디라오의 서비스는 하버드대 경영대학원에서 연구될 정도로 독특하다. 외식업뿐 아니라 산업 분야를 막론하고 중국 전역에서 많은 기업들이 서비스 정신을 배우기 위해 이곳을 찾는다. 고객에게 대기 시간 동안 무료로 네일케어와 식음료를 제공하고, 아이들에게는 장난감을 선물로 주고, 비가 오면 우산을 제공하고, 심지어는 고객이 좋아하는 음식을 싸주기도 한다. 서빙 직원은 한 테이블 전체 식사비용을 무료로 제공할 수 있는 권한도 있다. 신규고 객 유치보다 단골에게 더 공을 들이는 등 하이디라오의 독특한 서비스는 유명하다. 하이디라오의 여러 가지 감동 서비스를 받다 보면 고객은 평생 충성고객이 되고, 이곳에서 경험한 특별한 서비스와 감동을 고객이 지인에게 직접 설명함으로써 자연스럽게 하이디라오의 영업사원이 되는 구조다.

샤오미를 설립한 레이쥔이 창업 당시 벤치마킹한 기업 중 하나가 바로 하이디라오였다. 레이쥔은 하이디라오의 충성고객 유치 방법과 구전 마케팅에 주목했다. 그래서 레이쥔이 창업 당시 가장 중요하게 생각한 것은 고객의 소리였다. 고객의 의견을 적극적으로 반영하여 일주일마다 스마트폰의 소프트웨어를 업데이트했다. 사용자의 피드백이나 제안을 수렴하고 기획하는 데 2일, 개발하는 데 2일, 테스트하는 데 2일, 업데이트하는 데 1일이라는 과정을 매주 빠짐없이 거쳤다. 신제품을 출시할 때도 '샤오미가 만든 신제품'이라는 말 대신 '고객과 함께 만든 스마트폰'이라는 슬로건을 사용했다. 샤오미의 이런 전략은 충성고객인 '미펀米粉'을 만들어냈고, 이들은 신제품이 나올 때마다 댓글이나 포스팅으로 홍보 전사가 되어주었다.

한 사람의 마음을 얻기까지는 많은 시간과 노력이 필요하다. 그러나 한번 나의 편이 된 사람은 또 다른 나의 편이 될 사람들을 무수히 데려올 수 있다. 물론 여기에도 원칙은 있다. 세상에 공짜는 없다는 것이다. 나에게 이익을 준 만큼 나도 혜택을 줘야 한다. 이것이 황정이 만들어낸 핀둬둬의 사업모델이다. 그는 이를 통해 기존 강자들이 만들어놓은 규칙을 완전히 깨고 새로운 게임의 규칙을 만들었다.

30년 후의
미래를 꿈꾸며 혁신하라

구글 엔지니어 출신인 황정은 중국에서 처음으로 전자상거래에 인공지능과 빅데이터를 도입했다. 이 중 인공지능은 처음에는 회사의 부정부패를 방지하기 위한 목적으로 사용되었다. 그는 "직원에게 쇼핑 플랫폼 상위에 상품을 노출시킬 수 있는 결정권을 주면 부정부패를 막을 수 없다."라고 말한다.

상품 구성을 기획하는 직원의 담당업무는 쇼핑몰의 어느 위치에 어떤 상품이 배치되었을 때 최대 매출을 올릴 수 있는지를 고민하여 최상의 결과를 도출하는 것이다. 그런데 한 직원이 쇼핑몰에 입점하는 판매자로부터 뇌물을 받고 좋은 위치에 상품을 배치시켰다가 회사가 고발을 당한 사건이 벌어졌다. 사실 관행처럼 행해지던 것이라 다른 직원으로 교체한다고 해결될 일이 아니었다.

황정은 인공지능 큐레이션에서 해결책을 찾았다. 소비자 개인 맞춤형 인공지능 큐레이션 서비스를 도입해 고객 개인에게 적합한 상품을 선정하고 배치시킨 것이다. 인공지능이 소비자의 구매 이력과 장바구니 목록을 참고해 제품을 알아서 추천해주는 서비스다. 인공지능 큐레이션 서비스를 도입하자 쇼핑몰 상품을 기획하고 배치하는 직원이 필요 없게 되었다. 뒷거래를 완전히 원천봉쇄하게 된 것이다. 인공지능 큐레이션 서비스는 매출에도 도움이 되었고, 인건비와 운영비까지 크게 줄여주었다.

빅데이터는 구매력을 갖춘 농촌 시장을 개척하는 데 활용되었다. 중국 대륙을 농촌과 도시의 이분법만으로 구분하는 것이 점점 힘들어지고 있다. 워낙 면적이 넓은 데다 지역별 소득 수준 차이가 크기 때문이다. 황정은 구매력 있는 농촌과 중소도시를 찾아내고, 잘 팔리는 제품과 그렇지 않은 제품을 선별하는 데 빅데이터를 활용했다.

이런 인공지능과 빅데이터의 활용은 아직 초기 단계에 불과하다. 황정이 진짜 꿈꾸는 혁신은 30년 후까지 내다보고 있다. 이 혁신은 핀둬둬에만 국한된 것이 아니다. 그는 전자상거래의 구조를 재배치해 효율적인 수요와 공급에 맞춘 '반계획경제'를 이루겠다는 큰 그림을 그리고 있다.

알리바바를 비롯한 기존 전자상거래 업체들은 공급자 중심으로 운영되고 있다. 여러 공급자들이 만든 물건을 온라인 사이트에 올리고, 소비자들의 선택을 받기 위해 가격경쟁을 벌이는 구조다. 황정은 이런 구조를 지양한다. 완전히 새로운 구조를 만들고자 하는 것이다.

그가 주목하는 것은 공급자가 아니라 소비자다. 소비자의 수요 분석을 통해 공급구조를 개선하겠다는 것이다. 인공지능과 빅데이터 기술을 이용해 사용자의 행동 패턴과 제품 추천을 연구하면 수요량에 따라 공급사슬을 조정할 수 있다는 것이 그의 설명이다. 즉, 축적된 소비자 행동 패턴에 대한 빅데이터 분석을 통해 사업가는 소비자의 주문량을 예측하고, 소비자가 필요로 하는 제품을 필요한 만큼 생산하면 되는 구조를 만들 수 있다는 것이다. 수요를 예측하여 효율적인 공급사슬 구조를 이끌어내겠다는 계획이다.

이 계획이 실현되는 데에는 시간이 걸리겠지만 그는 인공지능이 이런 정확도를 발휘할 수 있는 경지에 오르면 시장경제의 판도를 바꿀 수 있다고 믿는다. 수요에 맞는 공급망의 최적화를 통해 '반계획경제'를 실현하는 큰 그림을 실현하기 위해 그는 인공지능 관련 업무를 직접 진두지휘하며 인공지능 연구에 몰두하고 있다.

소중하지 않은 인연은 없다

인생의 중요한 갈림길에서는 누구나 심사숙고하기 마련이다. 물론 선택은 본인이 하는 것이지만, 누군가의 조언이 선택을 바꾸고 인생까지 달라지게 만들기도 한다. 가난한 집에서 태어난 황정은 무엇이든 스스로 결정해야 했다. 그러나 우연히 만난 사람들의 조언은 그의 인생에 큰 영향을 주었다.

저장성에서 태어난 황정의 집은 가난했다. 부모님은 공장에서 노동자로 일했다. 그런데 그는 명문인 항저우 외국어학교에서 중고등학교 시절을 보냈다. 이 학교는 저장성 교육청 소속 학교로, 돈이 많거나 좋은 집안의 자녀들이 다니는 학교였다. 당연히 그의 가정형편으로는 도저히 다닐 수 없었다.

황정이 이 학교에 다니게 된 것은 초등학교 교장 선생님의 적극적인 추천 덕분이었다. 이 학교에 아무런 집안 배경 없이 입학한 것은 그가 처음이었다. 황정은 이 학교에서 많은 것을 배웠다. 명문인 만큼 실력 있는 학생들이 많았고, 황정은 그들과 함께 경쟁하고 도전하며 실력을 쌓았다. 저장대학에 장학금을 받고 입학할 만큼 성적도 우수했다. 그의 초등학교 교장 선생님은 그가 새로운 세상으로 나아갈 수 있도록 길을 열어준 은인이었다.

황정은 자신의 인생에 가장 큰 영향을 준 사람이 돤융핑段永平이라고 말한다. 돤융핑은 중국 스마트폰 업체인 오포OPPO와 비보VIVO의 모회사인 부부가오步步高, BBK의 회장이다. 오포와 비보는 화웨이, 샤오미와 함께 중국 4대 스마트폰 브랜드로 꼽힌다.

돤융핑은 황정의 '창업 스승'으로 불린다. 핀둬둬의 '농촌에서 도시로' 전략 성공도 그의 영향이 컸다. 돤융핑 역시 오포와 비보를 '농촌에서 도시로' 전략으로 성장시킨 경험이 있었다.

중국에서는 각 도시가 가진 경제적 규모나 인구수, 영향력

등을 기준으로 1~5선 도시로 분류한다. 이 분류는 중국의 도시 종합 경쟁력을 나타내는 개념으로 사용된다. 그런데 오포가 처음 스마트폰을 출시했을 때에는 삼성과 애플이 시장을 점유하고 있었다. 특히 1, 2선 대도시에서 두 브랜드의 세력은 절대적이었다.

돤융핑은 처음부터 경쟁이 치열한 대도시에 들어가지 않았다. 가성비를 무기로 3~5선 중소도시와 농촌을 집중적으로 공략했다. 각 지역에 오프라인 매장을 구축했는데, 오포와 비보의 모회사인 부부가오가 1995년 설립된 후 전자제품을 판매하기 위해 중국 전역의 중소도시에 판매 거점을 마련했던 것이 큰 도움이 되었다. 이를 통해 당시 온라인 쇼핑에 익숙하지 않은 중소도시의 소비자를 대거 끌어들일 수 있었다. 돤융핑은 '농촌에서 도시로' 전략으로 내수시장을 접수한 후 해외시장도 같은 전략을 쓰고 있다. 훗날 황정이 핀둬둬를 창업했을 때 농촌에서 자리 잡은 후 도시로 진격하는 전략을 세운 것도 돤융핑의 영향을 무시할 수 없다.

이 외에도 돤융핑은 황정이 인생에서 중요한 결정을 할 때 자문 역할을 톡톡히 해주었다. 황정은 대학 졸업 후 마이크로소프트와 같은 글로벌 기업과 당시 떠오르는 스타트업 구글을 놓고 진로를 고민할 때 돤융핑에게 조언을 구했다. 돤융핑은 이렇게 조언했다. "구글은 경험해볼 가치가 있는 좋은 회사이다. 만약 훗날 사업을 하고 싶다면 구글을 선택하는 것이 도움이 될 것이다. 만약 구글을 선택한다면 적어도 3년은 있어

라. 그보다 연차가 낮으면 회사의 중요한 일에 참여할 수 없기 때문이다. 회사를 제대로 이해하려면 적어도 3년은 있어야 한다." 황정은 그의 말대로 구글에서 3년간 일했다. 그리고 구글이 대박이 나면서 입사하면서 받은 스톡옵션으로 100만 달러를 벌었다. 이것은 훗날 그의 창업 밑천이 되었다. 경험이 많고 노련한 돤융핑의 혜안은 정확했고, 그는 황정의 정신적 지주가 되었다. 인생의 어려운 순간에 곤경에서 구해주기도 하고, 중요한 순간에 나타나 성공의 길잡이가 되어주기도 하는 사람이 귀인이라면, 돤융핑은 황정에게 귀인 같은 존재였다.

돤융핑도 황정을 아꼈다. 돤융핑은 2006년 '워렌 버핏과의 점심식사' 경매 낙찰의 주인공이기도 했는데, 62만 100달러라는 거액의 식사 자리에 황정을 데리고 갈 정도였다. 당시 황정은 구글에서 일하던 26세의 젊은 청년이었다. 그는 훗날 이날을 회고하면서 워렌 버핏은 단순함과 상식의 힘을 깨닫게 해주었다고 말했다. 돤융핑은 워렌 버핏 덕분에 본분과 평상심의 중요성에 대해 알게 되었다고 했는데, 사실 돤융핑은 '중국의 워렌 버핏'으로 불리기도 한다. 워렌 버핏과 마찬가지로 뛰어난 투자 감각을 가지고 있으며 가치 투자로 많은 돈을 벌었기 때문이다.

황정과 돤융핑 두 사람이 알게 된 것은 중국 인터넷 포털 사이트 왕이網易, NetEase의 회장 딩레이丁磊 덕분이다. 중국의 IT 1세대인 딩레이는 '중국의 빌 게이츠'로 불리며 컴퓨터의 귀재로 이름을 날렸던 인물이다. 그는 1997년 인터넷이 생소하던 시절 중국의 첫 포털 사이트 왕이를 만드는 데 성공하여 27세의 젊은 나이에 중국 IT 업계의 황제가 되었다. 2019년 《포브스》선정 '세계 억만장자 순위'에서 81위에 오를 만큼 그는 여전히 건재하다. 왕이에 투자한 돤융핑 역시 엄청난 수익을 올렸다.

컴퓨터의 황제로 불리던 딩레이에게도 풀리지 않는 기술적 문제가 있었다. 해결책을 찾던 중 인터넷에서 황정의 기사를 보고 먼저 연락을 취했는데, 당시 황정은 저장대학 컴퓨터 학과를 졸업한 후 미국 유학을 준비 중이었다. 딩레이가 기술적 문제에 대해 상담하기를 원한다며 메신저로 직접 먼저 말을 걸었다. 황정은 처음엔 그 유명한 딩레이일 리가 없다고 생각했다. 곧 진짜 딩레이라는 것을 알게 된 황정은 그가 직면한 문제를 해결해주었다.

이후 황정과 딩레이는 온라인으로 서로 교류하는 사이가 되고, 둘 사이의 관계는 귀한 꽌시로 발전했다. 황정이 핀둬둬를 창업한 지 얼마 안 되었을 때 딩레이는 돤융핑과 함께 시리즈A에 투자해 과거의 고마움을 잊지 않았다. 스타트업 투자 유치 단계는 시드투자, 시리즈A, 시리즈B, 시리즈C 등으로 후속 투자가 이루어지는데, 시리즈A는 스타트업이 제품이나 서비스를 만들기 위한 과정에서 이루어지는 투자를 말한다.

황정이 전액 장학금을 받고 미국 위스콘신대학으로 유학 갔을 때 딩레이는 황정을 돤융핑에게 소개했다. 훗날 황정의 정신적 지주가 된 돤융핑을 딩레이가 소개해주었으니, 딩레이 역시 황정 인생의 중요한 귀인이 아닐 수 없다.

세상에 소중하지 않은 인연은 없다. 특히 신뢰를 바탕으로 한 꽌시를 중요하게 생각하는 중국인들에게는 더욱 그렇다. 과거 중국 비즈니스에서는 "꽌시 없이는 되는 일도 없고, 꽌시로 안 되는 일도 없다."고 말하던 시절이 있었다. 꽌시만 있으면 모든 문제를 해결할 수 있다고 생각하기에 나온 말이다. 그런데 중국의 젊은 부자들은 그런 과거의 꽌시에 연연하지 않는다. 오히려 실력으로 신뢰를 쌓아 새로운 꽌시를 형성하고, 온라인에서도 꽌시를 만든다. 그리고 그 꽌시를 부의 발 디딤대로 만든다.

황정 黃峥

1980년	저장성 출생
1998년	저장대학 컴퓨터학과 입학
2002년	위스콘신대학 컴퓨터학 석사 입학
2004~2006년	구글 근무
2006~2007년	중국 구글 창립 멤버
2007~2015년	스마트폰 전자상거래 회사 창업, 게임회사 창업
2015년	핀둬둬 창업
2018년	핀둬둬 미국 나스닥 상장
2019년	《포브스》 '세계 억만장자 순위' 94위

제2장

차 업계의 하워드 슐츠, 녜윈천

시차 창업자

'하루 4000잔 판매', '여섯 시간 줄 서서 대기', '일인당 석 잔까지만 구매'. 중국 '차 업계의 스타벅스'라고 불리는 시차喜茶 매장 하나에서 나오는 판매 실적이다. 시차를 설립한 녜윈천聶雲宸은 1992년생으로 제대로 된 진짜 밀크티를 만들어보겠다는 목표로 창업하여 오늘날의 부를 이루었다.

2012년 시차를 처음 설립할 당시 밀크티 시장은 이미 레드 오션이었다. 녜윈천은 밀크티가 한창 유행일 때 직접 치즈밀크티를 개발해 대성공을 거두었다. 단순히 '치즈밀크티'라는 신메뉴 개발로 부자가 된 것은 아니다. 짝퉁이 판치는 세상에서 진짜 제품을 만들겠다는, 기본에 충실한 그의 신념이 부의 원천이 되었다. 그는 절대가치를 지향하며, 사람들은 그의 가치경영에 힘을 실어주고 있다. 시차는 2018년 말 기준 전국 매장 수는 200개도 채 안 되지만, 2019년 투자 유치 시 90억 위안(약 1조 5000억 원)의 기업가치를 평가받았다.

차 업계의 하워드 슐츠가 된 그는《포브스》선정 2018년 '중국 30세 이하 엘리트 30인', 그리고 2019년 '아시아 30세 이하 엘리트 30인'에 이름을 올렸다. 중국 외식업계에 새로운 역사를 쓰고 있는 그는 아직 20대의 젊은 청년이다.

나만의 브랜드가
필요하다

네윈천은 평범하게 자랐다. 1992년 장시성에서 태어난 그는 엔지니어 출신인 부모님을 따라 중학교 때 광둥성으로 이사해 그곳에서 성장했다. 광둥과학기술직업학원 행정관리학과를 다닐 때 중간 성적이었던 그는 눈에 띄지 않는 조용한 학생이었다(중국에서는 대학을 학원이라고 부르기도 한다). 그리고 대학 2학년인 19세에 처음으로 창업에 도전했다. 스티브 잡스와 스마트폰을 워낙 좋아했던 터라 작은 휴대전화 매장을 연 것이다. 야심 차게 매장을 열었지만 편벽한 골목에 위치하고 있어 손님은커녕 사람 구경조차 하기 어려웠다.

손님을 끌어들이기 위해 네윈천이 생각해낸 방법은 무료 서비스였다. 안드로이드 스마트폰의 시스템을 초기화해주거나 소프트웨어를 깔아주는 서비스를 제공한다는 아이디어였다. 대단한 기술이 필요한 것은 아니지만 기계를 잘 다룰 줄 모르는 사람들의 불편함을 시원하게 해결해주는 서비스였다. 입소문이 나면서 찾아오는 사람들은 늘었지만, 매출로 이어지지는 못했다. 오히려 고장 난 휴대전화를 고쳐달라고 가져오는 사람들도 있었다. 그는 돈이 안 되어도 자신이 할 수 있는 최선을 다해 손님들의 요구에 응했다. 매번 공짜로 서비스 받는 것을 미안하게 생각한 손님들은 휴대전화 케이스나 케이블을 구매하곤 했다. 결국 휴대전화 판매보다 휴대전화 액세서리를 판매해서 나오는 수익이 더 컸다.

매장 운영은 점점 힘에 부쳤다. 휴대전화 판매는 손님과 직접 소통하는 직원의 역할이 중요한데, 함께 일하던 직원이 퇴사한 후 바로 옆에 똑같은 매장을 차리고 단골들을 빼돌리는 일이 반복되었다. 더구나 전자상거래가 급속히 발전하면서 온라인 매장에 비해 경쟁력이 떨어져 결국 녜원천은 첫 번째 사업을 그만두게 되었다.

그는 이런 아픈 경험을 통해 자기만의 고유 브랜드가 있어야 함을 뼈저리게 느꼈다. 같은 물건, 같은 가격, 같은 서비스라면 고객이 굳이 그의 매장을 찾을 이유가 없었다. '여러 개 중 하나'는 의미가 없었다. 반드시 나를 찾는 이유가 있어야 했다. 그는 그것이 브랜드라고 생각했다.

두 번째 도전으로 차 음료 사업을 시작할 때도 브랜드 때문에 많은 고민을 했다. 처음 창업 당시 상호는 황차皇茶였다. 그런데 그의 음료 제품이 잘 팔리자 '짝퉁 황차'가 우후죽순 생겨났다. 그가 만든 황차 매장은 하나밖에 없는데 100개 이상의 짝퉁이 생겨났다. 오히려 자신이 만든 것이 정통 원조 황차 매장이라고 거짓말하는 사람도 있었다. 간판에 네원천 이름을 적어놓고 함께 동업을 하다가 나중에 헤어졌다며 가맹점을 모집하는 사람들까지 있었다.

전혀 모르는 사람이 자신의 이름을 팔아 프랜차이즈 사업을 한다는 말에 네원천은 화가 치밀었다. 피땀 흘려 개발한 차를 한순간에 도둑맞은 느낌이었다. 다른 사람들이 '황차' 브랜드를 도용하지 못하도록 중국 상표국에 여러 차례 상표등록을 신청했다. 하지만 번번이 거절당했다. 누구나 사용할 수 있는 보통명사라는 것이 그 이유였다.

그는 고민 끝에 2016년 '시차喜茶'로 상호명을 바꾸었다. 4년 동안 쌓아온 명성을 포기하고 처음부터 다시 시작해야 했다. 그러나 자기만의 고유 브랜드를 갖기 위해서는 어쩔 수 없는 선택이었다. 나만의 고유 브랜드 없이는 결국 망한다는 것을 경험을 통해 뼈저리게 깨달은 뒤였다. 또 고객들을 빼앗길 수는 없었다.

상호와 함께 로고도 상표등록을 했다. 로고를 쉽게 도용하지 못하도록 차 마시는 사람을 간략하게 단순화시킨 형상을 만들었다. 로고가 복잡하면 살짝 바꿔도 같은 로고로 보이지만, 단순한 로고는 조금만 바꿔도 금방 티가 났다. 나만의 브랜드를 갖기 위해 법적 보호 장치를 신경 쓰는 한편, 맛을 업그레이드하기 위해 제품에 집중했다. 짝퉁을 만들어내는 사람들에게 에너지를 소모하는 것보다 제품의 퀄리티를 높이는 데 에너지를 쏟는 것이 더 낫다고 생각했기 때문이다. 상호나 로고도 물론 중요하지만, 제품에 브랜드가 녹아 있어야 했다.

▎ 당연한 것을 제대로 하면
▎ 레드오션도 두렵지 않다

휴대전화 매장을 정리한 후 시작한 사업이 밀크티였다. 네윈천은 밀크티 사업의 문턱이 높지 않아 잘되면 잘되는 대로, 안 되면 안 되는 대로 시작할 수 있는 사업이라고 생각했다. 잘되면 젊은이들 누구나 좋아하는 밀크티 매장을 하는 것이고, 폐업하는 최악의 상황이 되더라도 적어도 내가 좋아하는 가게를 만들었다는 소중한 경험이 남을 것이었다.

네윈천의 밀크티 사업에 대한 생각은 분명했다. 서양식 밀크티가 아니라 중국 전통차가 중심이 되어야 한다는 것이었다. 전통차를 젊은이들이 좋아하게 만드는 것이 그의 목표였다. 대신 전통 찻집에 없는 새로운 메뉴를 개발하기로 했다. 따라서 계절 과일차와 같은 새로운 차 음료의 개발이 필수적이었다.

네윈천은 차에 대해 문외한이었지만 두 가지만큼은 자신 있었다. 하나는 진짜 차잎을 사용해 제품의 가치를 높이는 것이었고, 다른 하나는 자신이 스무살의 젊은 나이였기 때문에 비슷한 또래의 젊은이들이 좋아하도록 전통차를 현대화시킬 수 있다는 것이었다. 이미 레드오션 시장이었지만 충분히 도전해 볼 만하다고 판단한 것은 이런 생각에서였다.

그가 보기에 당시는 제대로 된 밀크티가 없었다. 사실 밀크티는 누구나 한번쯤 먹어본 적은 있지만 계속 찾게 되는 음료는 아니었다. 그는 그 원인을 건강한 재료가 아니기 때문이라고 생각했다. 당시 시중에 판매되는 밀크티와 과일차의 주요 성분은 차, 우유, 과일 등이었는데 모두 분말 형태를 사용하고 있었다. 이렇게 분말로 만든 것은 진짜 밀크티가 아니라는 것이 그의 생각이었다. '건강에 좋은, 진짜 차를 만들어 팔면 반응이 좋지 않을까?'라고 생각한 그는 비집고 들어갈 만한 여지가 충분히 있는 시장이라고 판단했다.

당연한 것을 당연하게 하지 않는 세상이다. '친절 서비스', '정량 판매' 등의 문구에 눈길이 가는 것은 왜일까? 서비스는 친절한 것이 당연하고, 물건은 정량으로 판매하는 것이 당연한데 말이다. 바로 당연한 것을 제대로 하지 않기 때문이다. '오렌지 100% 주스'라는 문구를 보고 정말 오렌지만 들어갔다고 믿는 사람은 별로 없다. 당연한 것을 제대로 하는 것은 생각보다 쉽지 않다. 밀크티에 우유와 차가 들어가는 것은 당연하다. 그런데 그 당연함을 제대로 실행하는 곳이 의외로 없었다. 제대로 된 재료를 쓰면 원가가 상승하기 때문이다. 녜원천은 여기에 틈새가 있다고 생각했다.

진짜 제품을 만들겠다는 목표가 확고했다. 원가를 낮추기 위해 질이 떨어지거나 가공된 다른 재료를 혼합하지 않겠다고 결심했다. 신선한 우유와 좋은 차를 구하기 위해 노력했다. 호주산 치즈, 일본 메이지 우유, 신선한 과일, 엄선된 차 등 좋은 원료를 찾기까지 많은 시간이 걸렸다. 최고의 맛을 내는 황금비율을 찾기 위해 하루 20잔 이상씩 서로 다른 비율로 배합하고 맛보는 일을 매일 반복했다. 이런 과정을 통해 세계 최초의 치즈밀크티가 탄생했다. 이렇게 개업을 준비하는 데만 반년이 걸렸다.

그는 "사람들은 돈만 있으면 창업할 수 있다고 생각하는데, 이는 잘못된 생각"이라고 지적한다. 제품, 로고, 매장 인테리어, 디자인 등 모든 것을 머릿속에 완벽하게 그린 후 창업을 시작해야 한다는 것이다. 그런 과정이 없으면 추가비용이 더 많이 들고 잘못된 길을 갈 수도 있기 때문이다. 제대로 준비하려면 시간이 많이 걸린다. 하지만 녜윈천은 제대로 준비하는 것이 느려 보이지만 성공으로 가는 지름길이라고 말한다. 꼼수를 부리거나 적당히 타협하는 기업은 오래 지속되는 탄탄한 기업을 만들 수 없다.

레드오션에도 기회는 있다. 당연한 것을 제대로 하는 데서 기회를 찾을 수 있다. 본질에 집중하고 기본에 충실하면 규모는 작더라도 강한 경쟁력을 가질 수 있기 때문이다.

혼이 담긴 제품 자체가
마케팅이다

시차 본사에는 예나 지금이나 마케팅 부서가 없다. 제품 자체가 마케팅 역할을 하기 때문이다. 특별한 이벤트를 하지 않아도 소비자가 스스로 사진을 찍고 SNS를 통해 퍼지면서 자연스럽게 입소문이 나고 있다. 비싼 광고모델을 쓰지 않는 네원천은 "고객 모두가 인터넷 스타"라고 말한다.

그는 사업 초기, 매장을 열었지만 홍보 마케팅에 쓸 돈이 없었다. 그래서 제품에 더욱 최선을 다했다. 시차의 음료를 마시고 고객의 미각이 그 맛을 기억하길 바라는 수밖에 없었다. 혼이 담긴 한 잔의 음료가 곧 마케팅이 되도록 심혈을 기울였다.

90년대생인 그는 젊은이들의 생활 중심이 온라인에 있다는 점을 활용했다. 예쁜 사진을 찍어 친구들과 SNS로 공유하는 것을 좋아하는 심리를 이용한 것이다. 젊은 여성들이 시차 음료를 들고 셀카를 찍어 위챗으로 친구들에게 보내면 음료를 무료로 제공하는 방식으로 마케팅을 시작했다. 이를 위해 입과 눈이 모두 즐거운 음료들을 개발했다. SNS 사진에 근사하게 나오도록 비주얼에 신경을 썼다. 갈지 않은 생과일이 듬뿍 들어간 과일차, 거품이 소복한 치즈밀크티와 같이 시각적으로 매력적인 제품들을 만들었다. 매장 인테리어와의 조화에도 공을 들였다. 도트 패턴 인테리어와 어울리는 차를 개발하는가 하면 핑크톤의 인테리어와 어울리는 차를 개발하는 식이다. 각 매장마다 서로 다른 콘셉트로 고객들이 사진 찍는 재미를 느낄 수 있도록 했다.

시차가 제작한 컵도 '구하기 힘든 컵'으로 화제가 되었다. 우유 거품과 차를 함께 마실 수 없다는 고객의 불만을 해결하기 위해 직접 설계한 회전형 뚜껑이 화제가 되었던 것이다. 이 뚜껑 하나가 이슈가 되어 저절로 마케팅 효과를 내기도 했다. 젊은 소비자들은 새로운 것에 대한 호기심이 강하다. 시차가 만든 컵은 소비자의 호기심을 자극하기에 충분할 만큼 실용적이면서 새로웠다.

컵에는 시차 로고를 프린팅해 누구든 알아보기 쉽게 했다. 로고는 브랜드를 이미지화한 것으로 기업의 정체성을 담고 있다. 기업명이 있는데도 굳이 로고를 만드는 이유는 제품을 사람들에게 쉽게 각인시키기 위해서이다. 시차의 로고는 차 마시는 옆모습을 단순화한 이미지이다. 전 세계가 공통적으로 화폐에 사람의 측면 얼굴을 새긴 것에 착안했다. 그러나 특정 인물의 얼굴은 아니다. 녜원천은 이 로고를 고객들이 차를 마시면서 자신을 되돌아볼 수 있는 여유를 가지라는 뜻에서 제작했다고 한다.

녜원천은 메뉴, 용기, 뚜껑, 로고 등 한 잔의 차에 가치를 불어넣는 작업에 신경을 썼다. 그리고 그 차 한 잔이 곧 상품이 되고, 홍보수단이 되고, 마케팅 포인트가 되도록 만들었다. 가성비도 놓치지 않았다. 시차 음료 제품의 가격은 보통 20~30위안(약 3400~5000원) 수준이다. 원료는 어디에도 뒤지지 않는 고급 재료로 만들었지만 가격은 스타벅스보다 저렴하다. 그는 좋은 제품을 만드는 데 집중하면 한번 맛을 본 소비자가 다른 소비자를 데려오는 것은 당연한 일이라고 믿었다.

중국의 젊은 스타트업이 기성세대 기업가들과 가장 다른 점은 디자인에 일찍 눈을 떴다는 것이다. 기성세대가 가격과 실용성을 중시했다면, 중국의 젊은 세대는 남과 다른 개성, 나를 위한 감성, 시각적 디자인을 중시한다. 네원천은 같은 세대인 젊은이들의 이런 마인드를 너무도 잘 이해하고 있었기에 어떻게 활용해야 하는지도 잘 알고 있었다.

그러나 본질을 망각한 외형적 화려함은 오래가지 못한다. 더 세련되고 트렌디한 브랜드가 나오면 외면받기 때문이다. 네원천은 차 한 잔에도 제품의 본질에 충실하고 브랜드의 정체성을 담기 위해 노력했다. 이런 노력이 있었기에 제대로 만든 음료 한 잔이 광고모델이 되고, 소비자의 SNS가 마케팅 채널이 될 수 있었다.

고객의 불만에서 기회를 찾다

정직한 원료로 진짜 제품을 만드는 것은 어렵지 않았다. 사업의 관건은 '어떻게 젊은이들의 관심을 끌지'였다. 기존의 것과 다른 확실한 차별화가 필요했다. 네원천은 중국판 트위터인 웨이보를 뒤졌다. 그리고 가장 많이 리트윗되는 식재료가 망고와 치즈라는 것을 발견했다. 치즈 닭갈비와 그릇에 담긴 망고가 좋은 반응을 얻고 있었다. 젊은이들이 좋아하는 이 두 가지 식품을 차와 결합해보기로 했다. 망고를 우유 거품과 배합했더니 맛은 좋지만 차와는 잘 섞이지 않았다. 반면 치즈는 우유 거품과 섞어도 끈적이지 않았다. 발효된 신맛이 오히려 차의 향을 더욱 짙게 만들었다. 시각적으로도 볼륨감이 살아났다. 차와 블렌딩했을 때 차의 맛을 부드럽게 만들었다. 이렇게 탄생한 치즈밀크티는 지금도 시차의 시그니처 메뉴로 선풍적 인기를 끌고 있다. 물론 오늘날의 치즈밀크티는 소비자의 목소리를 반영하여 몇 차례 변화를 거친 제품이다.

휴대전화 매장 운영으로 모은 돈을 전부 털어 야심 차게 밀크티 매장을 열었지만 첫 시작은 참담했다. 개업 전 이틀 동안 시식 행사를 했는데 맛을 본 사람 중 매장을 다시 찾아오는 사람은 아무도 없었다. 녜원천은 자신이 개발한 제품이 최고라고 생각했지만 소비자의 평가는 달랐다. 하루에 차 한 잔이 판매의 전부인 날도 있었다. 여유 자금이 없었기 때문에 돈이 들어가는 프로모션은 엄두도 못 냈다. '두 번째 잔은 반값'이라는 판촉 행사를 진행하자 사람들이 갑자기 몰려들었다. 그러나 정상가격으로 되돌아오자 다시 손님들의 발걸음도 끊겼다. 자신의 가게에는 손님이 없는데 주변의 다른 음료 매장에는 사람들이 많은 것을 보고 그는 깊은 고민에 잠겼다.

지푸라기라도 잡고 싶은 심정이었다. 마지막으로 할 수 있는 일은 무조건 고객의 의견에 따라보자는 것이었다. 웨이보에서 고객 평가를 검색했다. 안 좋은 리뷰들을 분석하여 매장에 반영했다. 맛이 쓰다는 평가에는 부드러운 대만 차잎으로 원재료를 바꾸고, 과일차인데 과일이 없다는 평가에는 큼지막하게 썬 과일을 듬뿍 넣었다. 파인애플차 한 잔에 3분의 2가 과육일 정도로 과일을 가득 채웠다. 플라스틱 뚜껑에 치즈 거품이 묻는다는 평가에는 회전형 컵 뚜껑을 개발했다. 안 좋은 점을 지적하는 댓글에 상처받는 사람이 대부분이지만, 그는 평가와 리뷰를 오히려 성장의 발판으로 삼았다. 6개월 동안 악플 내용을 분석하고 반영하여 계속 수정한 결과 마침내 사람들이 줄을 서기 시작했다.

최악의 위기를 넘긴 것은 고객의 목소리를 반영한 덕분이지만, 녜윈천은 시차의 가장 기본적인 출발점이 '소비자 중심'이 아니라 '소비자 입장에 서는 것'이라고 말한다. '소비자 중심'은 시장 조사를 통해 다음 시즌에 어떤 신제품을 출시할지 소비자에게 묻는 방식으로, 일반적인 시장 접근법이다. '소비자 입장에 서는 것'은 소비자가 선택하는 것이 아니라 소비자의 성향을 미리 파악하고 소비자도 몰랐던 트렌드를 만들어가는 것이다. 마치 치즈밀크티가 소비자들로부터 큰 호평을 받고 지속적으로 사랑받는 것처럼 말이다.

이런 마인드는 그가 가장 좋아하는 스티브 잡스로부터 영향을 받았다. 애플은 시장조사를 실시하지 않고도 세상을 바꾼 아이폰을 개발했다. 소비자의 마음을 소비자보다 먼저 읽고 소비자가 모르고 있지만 소비자가 열광할 그 무엇인가를 찾아내야 한다. 네윈천은 대부분의 시간을 고객을 위해 새로운 일을 만드는 데 사용한다. 감각적인 신메뉴를 개발하고, 각 매장에 콘셉트가 있는 인테리어를 기획하고, 글로벌 브랜드와의 다양한 콜라보레이션 등을 고민한다. 이 모든 것들이 고객보다 먼저 고민하는 인고의 시간을 통해 탄생한다.

1호점의 입소문이 들릴 수 있는 근거리에 2호점을 오픈하라

창업 자금이 충분하지 않았던 네윈천은 첫 매장을 젊은이들이 많이 모이는 번화가에 오픈했다. 번화가지만 작은 골목 안으로 들어간 곳이라 월세가 저렴했다. 그 대신 사람들이 일부러 찾아오지 않는 이상 사람들의 시선을 끌기 어려웠다. 주변에는 이미 밀크티 매장이 많았다. 그는 정면승부를 해야 한다는 생각으로 일부러 밀크티 매장이 많은 지역을 선택했다. 그러나 매출은 저조했다.

이 경험을 통해 후발주자는 선발주자와 차별화가 확실해야 한다는 것을 깨달았다. 단지 선발주자의 제품보다 조금 더 좋은 정도로는 성공할 수 없다. 소비자가 기존의 제품을 포기할 만큼 파괴적인 매력이 있어야 한다. 그에게는 돈이 없기 때문에 제품으로 승부해야 했다. 그렇게 제품 개선에만 몰두하던 어느 날, 친구로부터 한 통의 전화가 왔다. 음료수를 대신 사줄 수 있느냐는 것이었다. 제품 개발에만 몰두하던 그는 어느새 매장 밖에 사람들이 줄을 서서 기다리고 있는 줄도 몰랐다. 이렇게 1호점이 완전히 자리를 잡은 후 2호점을 오픈했다.

2호점은 광둥성 중산中山시 한복판에 오픈했다. 1호점에서 이미 성공했으니 2호점은 문제없을 것이라고 생각했다. 그러나 매장을 찾는 사람들은 없었다. 홍보 전단을 돌리는 등 이벤트를 했지만 수개월이 지난 후에야 입소문을 듣고 손님들이 조금씩 찾아왔다. 그러나 1년 반이 지나도록 매출은 크게 나아지지 않았다.

이 경험을 통해 그는 몇 가지를 깨달았다. 첫째, 인지도 있는 브랜드가 필요하다는 것이다. 브랜드는 곧 신뢰를 말한다. 브랜드가 없으면 아무리 좋은 제품을 판매해도 고객의 신뢰를 얻기까지 시간이 걸린다. 둘째, 브랜드를 전달할 수 있는 문화적 체험공간이 필요하다는 것을 깨달았다. 노점에서는 한계가 있었다. 뜨거운 태양 아래 땀을 흘리면서 혹은 비 오는 날 우산을 쓰고서는 어떤 브랜드의 감성도 전달될 수 없었다. 셋째, 매장 위치는 입소문이 잘 전달될 수 있는 곳이어야 한다. 1호점이 성공했더라도 2호점이 있는 곳에 사는 사람들이 그 명성을 모른다면 처음부터 다시 시작해야 했다.

방법을 강구해야 했다. 그는 1호점이 있는 장먼江門과 가까운 거리에 있는 샤오란小欖에 매장을 다시 열었다. 결과는 만족스러웠다. 이미 1호점의 명성을 알고 있는 사람들이 있었기 때문에 홍보가 비교적 쉬웠다. 샤오란점 고객 중에는 밀크티를 마시기 위해 일부러 1호점까지 다니던 사람도 있었다. 포산佛山시에 매장을 오픈할 때도 시 중심으로 가지 않고 외곽인 순더顺德로 갔다. 중산시와 더 가까워 입소문을 내기에 더 적합했기 때문이다. 광저우廣州와 상하이上海 등 대도시에 진출할 때도 입소문이 들릴 수 있는 근거리에 매장을 하나씩 오픈하며 시장을 장악했다.

사업 초기에는 매출이 빠르게 성장하지도 않았고 오직 번 돈 안에서 모든 것을 해결해야 했다. 녜윈천은 당시를 회상하며 밧줄 하나를 잡고 공중에 떠 있는 기분이었다고 말한다. 밧줄이 끊어지면 낭떠러지로 떨어져 죽을 수도 있었다. 매장 하나를 오픈해서 자리를 잡고 나면 그때야 비로소 다른 하나를 오픈했다. 욕심 부리지 않고 하나씩 확장했기 때문에 실패할 확률이 적었다.

일반인들의 생각과 달리 그는 인구가 비교적 작은 도시 장먼에서 창업한 것을 다행으로 여긴다. 외지인이 적고 유동인구가 적어 입소문을 내기에 안성맞춤이었다는 것이다. 그는 만약 선전과 같은 대도시에 1호점을 오픈했다면 겉만 번지르한 실속 없는 매장이 되었을 것이라고 말한다. 유동인구가 많은 지역은 계속 새로운 고객이 들어오기 때문에 정말로 경쟁력이 있는지 알기까지는 오랜 시간이 걸린다. 그러나 인구가 적은 소도시에서는 성패가 빨리 판가름 난다. 맛이 없으면 발걸음이 뚝 끊기고, 맛이 있으면 입소문이 나고 단골이 생긴다. 그만큼 문제점을 빨리 파악하여 대처할 수 있게 된다는 것이다.

진짜 브랜드는
카피하지 못한다

녜윈천에게 차는 자기의 꿈을 표현하는 방식이다. '시차'라는 브랜드가 사람들에게 생활의 일부가 되어 하나의 문화 아이콘으로 자리 잡는 것이 그의 목표이다. 아직 20대인 그는 나이는 젊지만 자신의 사업에 대한 확고한 철학이 있다. 그리고 장기적 안목으로 사업을 바라보는 진지함도 지녔다.

중국 소비자들은 일반적으로 카피 제품에 관대한 편이다. 짝퉁이라도 저렴한 가격이 나에게 이익이 된다면 좋은 제품이라고 인식하는 것이다. 그러나 90년대에 출생한 젊은이들은 다르다. 젊은 소비자들은 창의적 노력에 박수를 보내고 개성 있는 독창적 제품을 선호한다. 젊은이들이 브랜드를 좋아하는 이유다. 브랜드는 고유의 개성으로 자기만의 정체성을 만들며 구축되기 때문이다.

녜윈천은 진짜 브랜드는 카피할 수 없다고 믿는다. 특히 카피가 빠른 음료 시장에서는 브랜드의 희소성을 지속적으로 추구하는 것이 중요하다. 창업자의 마인드, 제품의 개발과정, 제품의 이미지 등 모든 작은 것들의 교차점에서 하나의 브랜드가 탄생한다.

그는 그렇게 탄생한 브랜드를 온전히 구현할 수 있는 유일한 창구가 매장이라고 말한다. 그래서 새로운 도시에 매장을 개설할 때마다 그 도시의 역사, 지리, 문화를 직접 심도 있게 연구한다. 브랜드가 해당 도시와 잘 어울릴 수 있도록 인테리어를 디자인하고 제품을 개발하기 위해서다. 로컬지역의 현지화인 셈이다.

광둥성 선전에는 블랙과 골드 색상을 세련되게 매칭한 '시차 블랙Heytea Black, 黑金店' 매장이 있다. 이 매장에서만 블랙티를 판매한다. 블랙티는 홍차를 영어로 번역한 것이다. 한국과 중국은 차를 우려낸 색깔이 붉다 하여 홍차라고 부르고, 영국을 비롯한 서양에서는 찻잎의 색깔이 검다 하여 블랙티라고 부른다. 청나라 때 영국 동인도회사가 중국 남방지역에서 생산된 홍차를 수입하여 영국 귀족들에게 판매하면서 서양에 널리 알려졌다. 즉, 중국의 홍차를 블랙티라는 이름으로 서양에 알린 계기가 된 곳이 중국 남방지역이다. 또 중국에서 최초로 개혁개방이 시작된 곳도 선전이었다. 현대 중국 역사에서 가장 먼저 부를 이룬 금광 같은 도시가 바로 선전이고, 중국인들에게 부의 상징과도 같은 도시이다. 그는 이런 역사적 의미들을 담아 블랙과 골드를 조합한 '시차 블랙' 매장을 만들었다.

쓰촨성의 중심 도시인 청두 지역 매장에서는 과일차에 술을 혼합한 제품을 개발해 선보였는데, 반응이 좋았다. 이 지역 사람들은 날씨가 덥고 습해서 매운 음식을 즐겨 먹는다. 매운 음식은 열을 내고 땀을 분비시켜 몸에 쌓이는 노폐물을 밖으로 배출하는 역할을 하기 때문이다. 네원천은 청두 사람들이 매운맛에 익숙하다는 점에 착안하여 술의 알코올 성분이 날아간 후 남은 매운맛이 차와 잘 어울리도록 배합했다. 그는 이처럼 역사와 문화 속에서 얻은 영감을 인테리어와 제품으로 구현함으로써 현지화에 노력했다. 그리고 그런 제품과 인테리어는 SNS에 회자되며 스스로 퍼져나갔다.

그는 또 브랜드의 희소성을 유지하면서도 제품과 디자인은 항상 신선해야 한다고 말한다. 그래서 대표적 스포츠 브랜드인 나이키, 화장품 브랜드인 크리니크와 로레알, 고급 호텔인 W호텔, 앱솔루트 보드카 등 글로벌 브랜드들과 콜라보를 진행하여 젊고 역동적인 이미지를 구축하고 있다. 콜라보 대상을 정할 때도 기준이 명확하다. 영감을 얻을 수 있거나 세련되거나 하는 접점이 없으면 아무리 좋은 조건이라도 콜라보를 거절하는 배짱도 있다. 브랜드의 정체성을 지키기 위해서다.

철저한 직원 관리도 브랜드를 보호하기 위한 운영 원칙 중하나다. 시차에서는 음료 한 잔이 나오기까지 얼음 담기, 차 만들기, 뚜껑 닫기, 포장, 계산 등 직원들이 일렬로 서서 한 사람씩 일을 분담한다. 신입 매장 직원은 한 달간 무조건 컵에 얼음을 담는 일을 한다. 적어도 한 달이 지나야 차 만드는 작업에 참여할 수 있다. 직원들이 매장에서 운영방식과 운영철학에 대해 충분히 숙지하길 바라는 그의 마음에서 만든 원칙이다. 이런 일련의 과정을 거친 후 시차의 운영방식을 충분히 이해한 직원에게만 고객을 직접 응대할 자격이 주어진다. 시차는 서비스업이기 때문에 특히 직원교육을 중요하게 생각한다. 시차의 기업문화를 배양시키고 매장 확대에 필요한 충분한 예비인력을 확보하기 위해 '시차 교육대학喜茶培訓学院'도 설립했다.

네원천은 사업에서 가장 중요한 것은 혼이 담긴 브랜드이고, 모든 세부사항은 그 브랜드를 향해 있어야 한다고 말한다. 그래서 그는 모든 매장의 디자인, 도면, 배너, 메뉴 텍스트와 같은 세부사항까지도 직접 확인한다. 자신은 사실 성격이 무척 급해서 무슨 일이든 당일에 해결되기를 바라지만, 브랜드는 단기간에 만들어지는 것이 아니라 최선을 다한 하루하루가 쌓여 만들어진다는 점도 잘 알고 있다.

빨리 확장할 수 있는 프랜차이즈를 거부하고 직영점만 고집하는 것도 브랜드를 중요하게 생각하기 때문이다. 제품의 품질과 브랜드를 보장할 수 없으면 매장 확장을 엄격하게 제한한다. 프랜차이즈의 경우 자칫 운영자가 본사의 철학과 달리 마음대로 운영한다면 맛, 위생, 서비스 등 시차의 색깔과 품격이 달라질 수 있기 때문이다. 그는 단기간에 더 빨리 부자가 될 수 있는 길을 포기하고, 거북이처럼 한 걸음씩 나아가고 있다. 거북이처럼 느리더라도 본인의 철학이 깃든 매장을 제대로 만들어 새로운 생활문화를 창조하고 싶은 열망 때문이다.

녜윈천 聶雲宸

1992년	장시성 출생
2011년	광둥과학기술직업학원 행정관리학과 졸업
2012년	시차喜茶, HEYTEA 창업
2018년	《포브스》'중국 30세 이하 엘리트 30인' 선정
2019년	《포브스》'아시아 30세 이하 엘리트 30인' 선정

제3장

엄마와 아이의 마음을 사로잡은 장량룬

베이베이왕 창업자

중국 최대 유아동용품 전문 온라인 쇼핑몰인 베이베이왕貝貝網을 설립한 장량룬張良倫은 회사 설립 9개월 만에 기업가치 10억 달러를 만들어냈다. 연간 1500만 명의 신생아가 태어나는 중국에서 베이베이왕은 1억 명 이상의 사용자를 확보하고 있다.

베이베이왕 설립 당시 온라인 쇼핑몰은 알리바바와 징둥과 같은 대기업들이 장악하고 있었다. 장량룬은 스타트업이 거대 공룡기업을 이길 수 있는 방법을 고민하다가 새로운 비즈니스 모델을 구축해 부자가 되었다. 생산업체와 합작하여 제품을 생산하고, 베이베이왕을 통해 소비자와 직거래하는 구조를 만들었다. 소비자, 생산자, 베이베이왕 모두 윈윈할 수 있는 혁신적 사업모델로 대형 종합 쇼핑몰이 할 수 없는 일을 해낸 것이다. 그는 2013년 《포브스》가 뽑은 '중국 30세 이하 창업 30인'에 선정되었다.

창업에도 데드라인이 필요하다

장량룬은 지린대학에서 정보통신공학을 공부한 공대생이었지만 사업에 관심이 많았다. 경영학과 수업도 들었고, 2학년 때는 작은 사업도 시도했다. 지린대학 학생들을 위한 웹사이트를 구축해 학생들이 좋아할 만한 유명 전자제품들을 올려놓고 온라인으로 구입할 수 있는 사업구조를 만든 것이다. 대학 때부터 이런 경험을 통해 창업에 대한 꿈을 키웠다.

대학원 때 전자상거래 관련 창업을 하기로 마음먹은 그는 중국 최대 전자상거래업체인 알리바바에 입사하기로 결심했다. 창업 전에 전자상거래 관련 일을 본격적으로 배울 수 있는 좋은 기회라고 생각했기 때문이다. 그러나 알리바바는 모두가 가고 싶어 하는 기업이라 가고 싶다고 쉽게 입사할 수 있는 곳이 아니었다.

하루는 알리바바가 학교에 와서 학생들을 선발하는 캠퍼스 리크루팅이 있었다. 뒤늦게 알게 된 그가 시험장소에 도착했을 때는 이미 필기시험이 끝난 상태였다. 그렇게 기회를 놓칠 수는 없었다. 뭔가 방법을 찾아야 했다. 그는 채용 프로세스를 무시하고 무작정 인사담당자를 찾아갔다. 이력서를 들이밀며 속사포로 자기소개를 했다. 그의 적극성과 대학 때 창업한 경력이 참작되었는지 2009년 7월, 장량룬은 대학원을 졸업하자마자 알리바바 입사에 성공했다.

알리바바에 입사해서는 대학 때 경험한 웹마스터 경력을 인정받아 제품 기획 일을 맡게 되었다. 말이 상품 기획이지 사실상 다른 관리자들을 보조하는 잡일 담당이었다. 바닥부터 하나씩 충실히 배웠고, 독립 프로젝트를 책임지는 위치까지 올라갔다. 알리바바 조직이 개편될 때마다 여러 가지 프로젝트에 참여했고, 그럴 때마다 상품 기획 역할을 잘 수행해 회사에서 승승장구했다. 2년 만에 알리바바의 핵심 상품 라인 여러개를 맡는 최고의 자리까지 올랐다. 매번 성과도 좋았다. 알리바바 직원이라면 누구나 그를 알고 있을 정도로 인정받는 직원이었다. 그런데 2011년, 그는 더 높은 직위에 오를 수 있는 승진의 기회를 마다하고 퇴사를 결정했다. 창업할 때가 왔다고 생각한 것이다.

중국 최고의 기업에서 2년 동안 다양한 경험도 쌓았고, 최고의 인재들 사이에서 실력도 검증해봤다. 자금도 어느 정도 모았다. 회사생활이 안정될수록 자신의 창업 열정이 사라질까봐 두려웠다. 더구나 여자친구와 결혼을 계획 중이었다. 결혼해서 아이까지 낳게 되면 창업을 시작해보기도 전에 주저앉게 될 것 같았다. 안주하게 될까봐 겁이 났다. 더 이상 늦출 수가 없었다. 여자친구와 결혼하기 위해서라도 하루빨리 창업해야

중림서재 '모임의 모임' 시리즈

어른의 공부
곽아람 외 6명 지음 | 값 17,000원

에세이스트 곽아람과 함께한 다 큰 어른들의 고전 읽기

유년 시절 읽었던 《데미안》과 어른이 되어 다시 읽는 《데미안》은 같은 책일까? 곽아람 작가와 함께 이 책을 만든 중림서재 '어른의 공부' 구성원들은 전혀 다르다고 말한다. 이 책의 묘미는 여기에 있다. 어린 시절과는 전혀 다르게 읽히는 고전 해석의 묘미를 통해 '고전 읽기'야말로 '진짜 어른의 공부의 시작'이라고 말한다.

대화의 대화
요조 외 5명 지음 | 값 17,000원

뮤지션 요조와 함께한 불가능한 대화의 기록

대화를 통해 타인을 완벽히 이해하는 건 불가능하다. 하지만 계속해서 이해하려고 노력할 순 있다. 요조에게 대화란 타인을 이해하기 위한 불가능한 노력이다. 이 책은 요조와 중림서재 '대화의 대화' 구성원들이 '리터러시, 페미니즘, 예술, 죽음'에 관한 책을 읽고 대화한 기록이다. 동시에 서로를 완전히 이해하는 건 불가능하지만 그 불가능성을 공유하기에 서로를 이해하고 연대할 수 있다는 '대화의 본질'에 다가가는 시도이기도 하다.

먹는 우리
이용재 외 3명 지음 | 값 17,000원

음식평론가 이용재와 함께 연습한 요리하는 삶

'나'의 선택이 더 이상 나의 건강만을 해치는 것이 아니라 지구의 건강까지 해치는 오늘날, 먹는 이로서 우리는 음식에 관해 어떤 고민을 해야 할까? 음식평론가 이용재는 '음식과 먹는 나'에 관해 성찰하기 위해선 삶에 '요리'라는 행위를 들여야 한다고 말한다. '요리하는 삶'은 곧 음식에 관한 관심과 성찰로 이어지기 때문이다. 이 책은 그런 삶을 살기 위한 이용재와 중림서재 '먹는 우리' 구성원의 연습의 기록이다.

※ 중림서재 '모임의 모임' 시리즈는 각 분야의 전문가와 소수의 참여자가 함께
　특정 키워드에 관해 책을 읽으며 공부한 기록을 정리한 모임책입니다.

경제경영·자기계발

대단한 기업의 만만한 성공 스토리(안재광의 대기만성's)
안재광 지음 | 값 18,500원

투자자를 위한 대한민국 대표 기업 핵심 키워드

삼성전자를 시작으로 한국 경제를 이끄는 제조업 분야 23개 기업의 과거와 현주소, 그리고 전망을 다룬다. 저자는 투자자들이 주목할 만한 한국 기업 트렌드를 전달해온 18년 경력의 베테랑 경제전문기자다. 그는 오랜 기간 쌓아온 기업 취재 노하우를 바탕으로 경제와 기업을 잘 모르는 사람들은 물론, 전문가들조차 흥미롭게 살펴볼 수 있는 재미와 깊이를 담은 기업 에피소드를 친절한 문체로 독자에게 이야기 들려주듯 풀어냈다.

거인의 리더십
신수정 지음 | 값 18,000원

**교보문고 북모닝
CEO 추천도서**

역경의 시대, 지속가능한 성과를 내는 리더의 조건

리더가 되면 구성원으로 지낼 때와는 다른 자질이 필요하다. 팀원으로서는 유능했지만 리더로서 역량을 발휘하지 못해 고민하는 이들이 많다. 이런 고민을 해결하기 위해 페이스북의 현인, 대한민국 직장인들과 리더들의 멘토로 불리는 신수정 KT 부사장이 자신만의 리더십 노하우를 상세하게 풀어낸다. 오랫동안 곁에 두고 공부할 수 있는 '리더십 교과서' 같은 책이다.

수축사회 2.0: 닫힌 세계와 생존 게임 글로벌 패권전쟁과 한국의 선택
홍성국 지음 | 값 22,000원

제로섬의 세계, 남의 파이를 뺏어야 살아남는다

기후위기, 인구 감소, 통제할 수 없는 과학기술의 발전 등 인류는 전대미문의 위기에 처해 있다. 이제 성장이 불가능한 수축사회에서 생존을 모색해야 한다. 저자는 '수축사회'를 예견하던 전작을 넘어, 드디어 현실로 나타난 수축사회의 현재 상황과 미래를 전망한다. 또한 수축사회의 가장 거대한 싸움인 미-중 패권전쟁을 집중 조명한다.

좋은 불평등: 글로벌 자본주의 변동으로 보는 한국 불평등 30년
최병천 지음 | 값 22,000원

일반시민을 위한 한국경제 불평등 교과서

불평등은 경제 성장에 해롭다는 통념과 상식을 뒤집는 책. 저자 최병천 신성장경제연구소 소장은 110개의 그래프와 도표를 활용한 꼼꼼하고 치밀한 논증을 통해 그러한 통념들이 사실이 아님을 주장한다. 불평등에 관한 입체적인 사고와 함께 앞으로 30년에 대한 전망 및 한국 사회를 위한 정책을 제안한다.

정치

조국 오디세이: 창당 선언에서 승리까지 1368시간의 기록
미디어몽구(김정환), 박지훈 지음 | 값 20,000원

한국 정치사에 파란을 일으킨 조국혁신당 이야기

조국 대표가 창당을 선언한 2월 13일부터 총선 승리를 거둔 4월 10일까지 57일간의 기록을 담았다. 취재계의 롤모델 미디어몽구가 전국을 누비며 현장을 생생히 기록했고 '조국 사태'의 예리한 분석가 박지훈 대표가 조국 대표의 말과 행적을 빠짐없이 정리했다. 이 책은 역사에 오래 남을 조국혁신당의 출발점을 기록한 감동의 정치 다큐멘터리이자 현장의 함성을 그대로 담아낸 유일한 기록집이다.

몰락의 시간
문상철 지음 | 값 17,000원

안희정 몰락의 진실을 통해 본 대한민국 정치권력의 속성

정치인 안희정을 오랫동안 지근거리에서 수행해온 비서이자 '안희정 성폭력 사건' 피해자의 첫 조력자인 저자가 오랜 침묵을 깨고 안희정 몰락의 진실을 들려준다. 이 책은 촉망받는 정치인이 권력의 맛에 취하면 어떻게 변질되는지를 교과서처럼 보여줄 뿐 아니라 정치권력을 쥔 누구라도 안희정이 될 수 있음을 강력하게 경고한다.

기자유감
이기주 지음 | 값 17,000원

가짜뉴스와 싸우는 이기주 기자의 21세기판 '기자풍토 종횡기'이자 분투기

'1호기 속 수상한 민간인' 특종 보도, '바이든 날리면' 사태와 도어스테핑 충돌까지, 윤석열 정부 1년을 가장 뜨겁게 지나온 MBC 이기주 기자의 언론비평 에세이. 기자 사회의 조리돌림과 가짜뉴스에 시달리고 살인 예고 협박까지 받은 저자가 살아 있는 권력을 취재하면서 겪은 뒷이야기와 다양한 기자 군상을 담담하면서도 날카로운 비판의 시선으로 풀어냈다. 그의 메시지는 간명하다. "적어도 국민을 배신하는 기자는 되지 말자!"

이기는 정치학: 현실주의자의 진보집권론
최병천 지음 | 값 20,000원

민주화 이후 8번의 대선과 9번의 총선, 그 안에 숨겨진 승리 방정식을 찾아라!

민주주의 국가에서 권력의 정당성은 선거의 승리에서 나온다. 저자는 지난 선거 과정들을 추적하며 대한민국 정치계에 적용되는 선거 승리 방정식을 찾는다. 옛 선거판들을 움직였던 주요 의제들을 분석하고 승리에 대한 연구와 패배에 대한 반성을 통해 진보 진영의 선거 승리와 집권을 위한 미래 전략을 모색한다.

메디치미디어
베스트
도서목록

메디치   앳워크   중림서재   폴리티쿠스

했다.

그래서 장량룬은 25세의 나이에 젊은 여성들이 입는 의류를 판매하는 온라인몰 미저왕米折网을 세 명이서 공동 창업했다. 여성 의류를 선택한 것은 알리바바에 있을 당시 매출액이 높은 품목이었기 때문이다. 공동 창업자 중 한 명은 알리바바 엔지니어 출신으로 그와 공동작업을 많이 해봤던 인물이었다. 서로 눈빛만 봐도 무슨 생각을 하는지 알 정도의 사이였다. 또 다른 한 명은 대학원 시절 다양한 프로젝트를 함께 했던 후배로 장량룬의 진취적 성향을 좋아했다. 농담 반 진담 반으로 훗날 사업을 하게 되면 자기를 꼭 데려가야 한다며 잘 따르던 후배였다. 실제로 장량룬이 공동 창업을 제안했을 때도 하던 일을 그만두고 그를 따라온 고마운 후배다. 그 후배는 현재 베이베이왕의 COO(최고운영책임자)를 맡고 있다.

장량룬은 사업을 시작할 때 두 사람에게 비장하게 말했다. "우리가 가진 돈으로는 1년밖에 버틸 수 없다. 만약 1년 안에 자리 잡지 못하면 우리는 해산해야 한다. 앞으로 1년은 우리에게 도박과도 같은 시간이다." 먼저 알리바바의 리베이트 제도를 활용하여 재정문제를 해결하는 것이 1단계 목표였다. 당시 알리바바는 판매자 회원 확보를 위해 알리바바가 받아야 할 커미션을 판매자에게 반환해주는 정책을 채택하고 있었다. 사용자가 10만 명일 경우 돌려받은 커미션만으로도 회사를 운영할 수 있다는 계산이었다. 2011년 8월 회사를 설립하고 11월에 웹사이트를 오픈해서 3개월도 안 되어 10만 명의 사용자를 확보하는 데 성공했다.

무슨 일이든 데드라인을 정해놓고 시작하는 것이 좋다. 그래야 시간에 맞춰 계획을 세우고 집중력을 발휘한다. 데드라인을 정해놓지 않으면 한 달 걸릴 일이 두세 달로 늘어지고, 부족한 부분을 자꾸 보완하다 보면 핵심 목표를 완성할 수 없게 된다.

장량룬은 자금력이 바닥나는 시간을 기준으로 사업 성패의 시간을 1년으로 정해놓았다. 1년에 맞춰 자원을 배분하고, 중요한 일을 중심으로 진행하고, 더 열심히 일에 집중했다. 설립 1년도 안 되어 목표를 달성했고, 2년 만에 3000만 명의 사용자를 확보하고 월 수백억 원의 매출액을 기록했다. 이런 성과가 바탕이 되어 그는 포브스가 선정한 '2013 중국 30세 이하 창업가 30인'에 이름을 올렸다. 당시 그의 나이 27세였다.

보폭은 작되 빨리 걸어라

알리바바의 정책이 바뀌었다. 2013년 하반기부터 판매자에게 수수료를 반환해주던 방식을 종료한 것이다. 장량룬의 사업은 적지 않은 타격을 입었다. 돌파구를 찾아야 했다. 바로 시장조사에 착수했다.

중국 최초의 유아동 온라인몰은 2004년 설립된 홍하이즈红

孩子로 투자자들에게 인기가 있었다. 그러나 전자상거래가 활기를 띠면서 알리바바, 징둥과 같은 큰 회사들로부터 가격경쟁으로 무차별 폭격을 당하고 나서는 전력을 완전히 상실했다. 결국 대기업인 쑤닝에 매각할 수밖에 없었다. 시간이 지날수록 유아동 온라인몰은 알리바바, 징둥과 같은 거대 기업들이 장악해갔다. 최초의 유아동 온라인몰이 대기업에 먹히는 사례를 보면서 그는 새롭게 구상하고 있는 유아동 온라인몰인 베이베이왕의 생존 공간에 대해 끊임없이 고민했다.

그는 훙하이즈와 같은 독립적 유아동 전문몰이 사실상 블루오션이라고 판단했다. 독보적으로 리드하는 회사가 없었다. 그래서 그는 유아동 브랜드 회사들을 찾아다니고, 훙하이즈 전 임원들을 비롯하여 업계의 다양한 관계자들을 만났다.

훙하이즈가 쑤닝에 합병되었던 사례처럼 작은 회사가 큰 회사에 먹히는 현상이 발생하게 된 원인도 분석했다. 당시는 몇 개의 종합 온라인 쇼핑몰이 시장을 장악하고 있던 시절이었다. 반드시 훙하이즈를 찾아야 할 이유가 없었다. 중국의 아동복 업계에 이렇다 할 브랜드는 불과 몇 개에 불과했고, 소비자들의 브랜드 인지도는 낮았다. 가격이나 브랜드 면에서 훙하이즈가 대형 종합 쇼핑몰을 이길 방법이 없었다.

그러나 한 회사의 실패를 보고 산업 전체를 부정할 수는 없었다. 그는 항상 기회가 있는 것이 사업이라고 믿었다. 단지 시기를 잘 판단해야 할 뿐이다. 그는 전문 유아동용품 쇼핑몰 시장에 뛰어들기로 결심했다.

이때 무엇보다 중요한 것은 시장 선점이라고 생각했다. 장 량룬이 전문 유아동몰을 준비하고 있을 때 당시 세력을 확장하던 쇼핑몰 중 하나인 요우핀후이唯品會가 의류, 화장품에 이어 유아동몰을 준비하고 있다는 소식을 들었다. 시장 선점을 빼앗길 수는 없었다. 그는 빠른 시장 점유를 위해 유아동몰을 미저왕에서 분리해 독립된 회사로 운영하기로 했다. 유아동이라는 명확한 타깃이 있으면 마케팅 속도가 더 빠르기 때문이다. 그렇게 탄생한 유아동 쇼핑몰이 베이베이왕이다. 이미 사업이 안정된 미저왕은 COO인 후배가 CEO를 맡고, 그는 신생기업인 베이베이왕의 CEO를 맡기로 했다.

시장 선점을 위해 오픈을 서둘렀다. 온라인몰에 대한 강한 인상을 주기 위해 쇼핑몰의 성격을 명확히 했다. '영유아 전자상거래의 선두주자'로는 부족했다. 그래서 '영유아용품 특가판매 선두주자'라는 캐치프레이즈를 내걸고 신속하게 전국 시장을 점유하는 것을 목표로 했다. 정품 브랜드, 독점 할인, 타임 세일을 특징으로 한 아이와 엄마의 전용 쇼핑 플랫폼이라는 성격을 분명히 했다. 그리고 요우핀후이보다 2개월 빨리 오픈했다. 이렇게 베이베이왕은 발 빠른 움직임과 귀에 쏙쏙 들어오는 캐치프레이즈로 시장을 선점하는 데 성공했다.

IT 시대에는 느린 공룡기업은 도태되고 변화에 빠르게 적응하는 기업만 살아남는다. 장량룬의 실행력은 누구보다 빨랐다. 그는 사업이란 계획한 일들이 예상한 방향대로 가지 않는 경우가 많기 때문에 할 수 있는 일을 생각하는 동시에 바로 실행에 옮겨야 한다고 말한다. 하고자 하는 일에 대해 전체적으로 이해가 안 되면, 일단 명확하게 이해가 된 일부터 실행하면 된다. 이런 면에서 그는 알리바바의 기업 철학이 몸에 밴 것으로 보인다. 마윈은 늘 실행력을 강조하며 "일류 아이디어와 삼류 실행력보다, 삼류 아이디어와 일류 실행력이 낫다."라고 말한다. 아무리 좋은 생각이 있어도 실행하지 않으면 무용지물이기 때문이다.

사실상 스타트업은 자금, 인재, 규모 면에서 대기업과 경쟁할 수 있는 능력이 안 된다. 그러나 실행력만큼은 대기업보다 우세하다. 시장의 변화를 민감하게 감지하고, 의사결정을 빨리 하여 바로 실행에 옮길 수 있기 때문이다. 도전에 실패하면 재빨리 다른 방향을 찾아 재도전한다. 빠른 실행력으로 다른 사람들이 아직 발견하기 전에, 혹은 발견했지만 아직 시도하기 전에 민첩하게 착수할 수 있는 것이 스타트업의 장점이다. 이런 빠른 실행이 쌓일 때 비로소 크게 도약할 수 있다는 것이 장량룬의 생각이다.

소비자 중심으로 사고하라

중국의 IT산업을 태동시킨 BAT를 중심으로 한 IT 1세대와 장량룬과 같은 IT 2세대는 사업방식이 다르다. IT 1세대인 마윈이 전자상거래를 구축했다면, 2세대는 소비자 중심적 사고를 하는 방향으로 변화했다. 1세대가 전자상거래 사이트에 이런 상품들을 모아놓았으니 필요한 상품을 알아서 사 가라는 식이었다면, 2세대는 소비자를 세분화하고 그에 필요한 제품들을 구비하는 방식으로 바뀌었다.

장량룬은 전자상거래는 소비자와 접점을 형성해 소비자의 생각과 감정을 정확하게 읽고 소비자가 원하는 상품과 원하는 방식으로 판매하는 것이 중요하다고 생각했다. 예를 들면, 반려동물을 키우는 사람들을 위해서는 애완동물용품을 판매하는 플랫폼이 필요하고, 인터넷 게임을 좋아하는 사람들을 위해서는 e스포츠 장비를 판매하는 플랫폼이 필요하다. 이런 방식은 제품의 종류에 제약을 받지 않는다. 게임을 주제로 한 사이트라면 게임 관련 의류, 신발, 가방, 전자부품 등을 모아두는 방식이다. 기존 전자상거래는 주로 제품 카테고리 기준을 따랐으며, 청소년층부터 노년층까지 모든 소비자에게 동일한 물건을 판매했다. 반면 특정 관심사를 가진 고객층을 공략하여 서비스를 제공하는 전문화된 버티컬 플랫폼은 당시 중국에서 막 시작되는 초기 단계였다.

그가 주목한 것은 영유아와 그 엄마들이었다. 중국은 가정에서 소비재를 구입할 때 여성 결정권이 가장 높은 나라다. 더구나 온라인 쇼핑에 익숙한 80허우와 90허우의 젊은 여성들이 출산 적령기에 접어들면서 여성과 육아용품 시장의 주력 소비층으로 부상했다. 또한 당시 정부가 실시하던 '두 자녀 정책' 시범 사업은 영유아 증가와 영유아시장 확대로 이어질 것으로 예측되었다.

장량룬은 타깃을 명확히 하고 소비자가 원하는 제품을 구성하고자 했다. 베이베이왕 사업 초기에는 제품을 다양하게 구비하지 않았다. 오히려 아동복과 아동용 신발 판매만으로 충분하다고 생각했다. 이후 소비자 피드백에 따라 장난감, 기저귀 등의 카테고리가 하나씩 추가되었다. 장량룬은 구성 상품 모두가 베이베이왕이 기획한 것이 아니라 소비자 요구에 의해 갖춰진 것들이라고 말한다. 영유아용품부터 완구, 가구, 엄마들을 위한 메이크업 제품과 여성의류까지, 베이베이왕이 접근할 수 있는 시장 규모는 유아동시장을 넘어 더욱 확대되고 있다.

PC에서 모바일로 빨리 전환한 것도 베이베이왕이 성공한 요인 중 하나였다. PC 웹사이트 버전으로 제품을 출시한 후 첫 달에는 주문이 수십만 건, 둘째 달에는 100만 건을 넘었고, 셋째 달에는 수백만 건에 달했다. 모바일 앱을 오픈하자 반응은 더욱 폭발적이었다. 앱 판매량은 곧 PC 판매량을 앞질렀다. 2015년에는 총 거래액이 40억 위안(약 6800억 원)이었는데, 그중 95퍼센트가 모바일에서 이루어졌다.

PC 환경에서 모바일 환경으로 신속하게 전환하지 못해 실패한 글로벌 기업들이 있다. 1990년대 닷컴시대를 열었던 포털 사이트 야후는 모바일 환경에 대응이 늦어 내리막길을 걸었고, 피처폰 시장 1등이던 노키아도 스마트폰 시장에서 도태

되었다.

장량룬은 소비 증가에 따른 사람들의 생활 변화, 정부의 정책 변화, 사업환경의 변화 등 모든 변화를 소비자 중심에서 생각했고, 소비자의 요구대로 사업을 확장했다. 이처럼 변화와 요구에 민첩하게 대응하는 것이 스타트업의 장점이자 젊은 부자들의 성공 방식이다.

스타트업이 대기업을 이길 수 있는 방법을 고민하라

《손자병법》에 '지피지기 백전불태知彼知己 百戰不殆'라는 말이 있다. 상대를 알고 나를 알면 백 번 싸워도 위태롭지 않다는 뜻이다. 전쟁은 상대방과 나의 강점과 약점을 분석하는 데서 시작한다. 나의 실력을 과대평가하여 무턱대고 덤벼서도 안 되고, 나의 실력을 과소평가하여 상대방을 이길 수 없다고 일찌감치 포기할 필요도 없다.

장량룬은 대기업과 스타트업은 싸움의 상대가 되지 않는다고 단언한다. 신생기업이 대기업을 공격하는 것은 개미가 코끼리를 공격하는 것 혹은 계란으로 바위 치기라는 것이다. 신생기업이 대기업에 자금력과 인재로는 도저히 맞설 수 없다. 따라서 대기업과 정면 대결은 피해야 한다. 그렇다고 방법이 없는 것은 아니다. 상대를 알고 나를 알면 대기업에 먹히는 일은 없다.

알리바바와 징둥 등 거대 종합 쇼핑몰에서 유아동용품의 판매는 계속 늘어났다. 가격경쟁도 치열해졌다. 그러나 중소기업이 대기업과 가격경쟁을 벌이는 것은 어리석은 일이다. 대기업은 저렴한 가격으로 대량 판매가 가능하기 때문이다. 가격경쟁보다 더 힘든 것은 재고 처리였다. 사이즈별로, 색깔별로 상품을 갖추다 보면 재고 축적에 따른 리스크가 커진다. 거대 기업들 틈에서 살아남기 위해서는 이런 문제들을 해결해야 했다.

그래서 장량룬은 기존에 없던 새로운 길을 모색했다. 그가 고민 끝에 생각해낸 방법은 비표준화였다. 모든 전자상거래에서 판매되고 있는 표준화된 상품은 한눈에 가격 비교가 가능하지만, 어디에서도 판매하지 않는 비표준화된 상품은 가격 비교가 불가능하다는 점에 착안했다. 제품 생산업체들과 합작해서 베이베이왕에서만 판매되는 제품을 만들고, 생산업체가 직접 소비자에게 배송하는 새로운 모델을 만들었다. 이렇게 하면 규모가 큰 전자상거래업체들과의 가격경쟁을 피하고 재고 위험도 낮출 수 있었다. 중간 유통업체를 거치지 않았기 때문에 가격도 더 저렴하게 책정할 수 있었다. 이것이 베이베이왕 제품의 80퍼센트를 알리바바 제품보다 저렴하게 팔 수 있는 이유라고 장량룬은 말한다. 그는 가격경쟁 상황에서 다른 업체들처럼 가격 인하로 정면 승부하지 않고, 공급망 관계의 효율성에서 그 해답을 찾았다.

가격이 저렴하면 품질이 저하되기 마련이라는 상식도 깼다. 저렴하면서 품질 좋은 제품을 제공하기 위해 생산업체 선정에도 공을 들였다. 생산업체를 분류하고, 각 업체에 적합한 제품을 생산하도록 일련의 공급업체 관리 규칙과 기준을 만들었다. 소비자에게 우수한 제품을 공급하기 위해 우수 공급업체 선발은 필수적이었다.

전통적인 제조업체들은 사정이 그다지 좋지 않았다. 브랜드 업체들은 저렴한 비용으로 제품을 생산하고 재고상품은 공장에 반환하는 방식으로 리스크를 최대한 생산업체에 떠넘겼다. 장량룬은 가장 어려운 일은 공장이 하는데 이익은 가장 적게 갖는 이런 관계가 불합리하다고 생각했다.

그래서 윈윈할 수 있는 방법을 모색했다. 베이베이왕이 소비자가 선호하는 디자인과 패브릭 등 관련 데이터를 수집하고, 생산업체는 그에 적합한 제품을 생산하는 구조를 만들었다. 각자 잘하는 분야에 집중하고 수익을 나누는 방식이었다. 생산업체는 판로 개척이나 마케팅을 고민할 필요가 없었다. 판매가 곧 공장의 수익과 직결되므로 제품의 완성도를 높이는 데만 집중했다. 소비자는 유통과정 비용을 빼고 직거래하는 셈이라 품질 좋은 상품을 저렴한 가격에 구입할 수 있어서 좋았다.

장량룬은 소비자, 판매자, 공급자 모두 윈윈할 수 있는 새로운 비즈니스 모델을 만들어 부자가 되었다. 비즈니스 모델의 혁신은 산업 전체의 틀을 바꾸어놓기도 하고, 새로운 가치를 만들어내기도 한다. 공유경제라는 새로운 비즈니스 모델은 우버가 택시시장의 판도를 바꾸고, 에어비앤비Airbnb가 세계 최대 호텔 체인인 메리어트호텔의 기업가치를 뛰어넘으며 숙박시장의 판도를 바꾸게 했다. 비즈니스 모델의 혁신은 거대 공룡을 무너뜨리며 신흥강자로 부상하게 하는 핵심 열쇠다.

장량룬 張良倫

1986년	쓰촨성 출생
2003년	지린대학 정보통신공학 입학
2007년	화중과학기술대학 석사 입학
2009~2011년	알리바바 근무
2011년	미저왕米折網 창업
2013년	《포브스》 '중국 30세 이하 창업자 30인' 선정
2014년	베이베이왕貝貝網 창업

호텔의 표준화와 현지화는 기본, 리테시 아가왈

오요 창업자

중국은 외국기업이 들어가서 성공하기 가장 어려운 시장 중 하나다. 이베이를 알리바바가 밀어내고, 까르푸는 부상하는 중국 대형마트들이 밀어내고, 구글과 아마존은 현지화에 실패했다. 세계적인 글로벌 기업들도 실패하는 중국시장에서 성공한 20 대 외국 청년이 있다. 바로 인도의 호텔 체인 오요OYO를 설립한 리테시 아가왈Ritash Agarwal이다. 그는 중국 진출 1년 반 만에 중국 호텔 체인업체 2위로 부상하면서 급성장 중이다.

그는 10대에 소비자와 숙박업소를 연결시키는 중저가형 온 오프라인 호텔 체인이라는 아이디어로 인도에서 새로운 시장을 개척했다. 브랜드가 없는 저가형 호텔들을 기본에 충실한 호텔로 표준화시켜 오요라는 브랜드로 편입시킨 것이다. 2013

년 시작된 오요는 현재 74개국의 2만 개 호텔을 연결하는 글로벌 기업으로 성장했다. 기업가치는 50억 달러에 달한다.

아직 20대인 리테시 아가왈은 야심찬 포부를 가지고 있다. 2023년까지 세계 최대 호텔 체인인 메리어트를 따라잡고 세계 1위를 달성하겠다는 계획이다. 현재 메리어트는 전 세계에 객실 123만 개를 보유하고 있고, 오요는 70만 개의 객실을 보유하고 있다. 그중 45만 개는 중국에 있는 호텔 객실이다. 오요는 인도보다 중국에서 더 많은 객실을 보유하고 있을 정도로 중국시장에서 빠르게 성장하고 있다. 그는 2016년 《포브스》 '컨슈머 테크놀로지 30세 이하 30인'에 선정되기도 했다.

기업가들의 성공 스토리에서 꿈을 키우다

어려서부터 리테시 아가왈의 관심사는 일관되게 IT 기업가였다. 그는 1993년 인도의 평범한 가정에서 태어났다. 가난하진 않았지만 그렇다고 여유 있는 가정도 아니었다. 그는 어렸을 때부터 IT에 관심이 많았다. 8세에 코딩을 시작했고, 13세에 노점상에서 유심칩을 팔아 용돈을 벌었다. 같은 나이 또래의 친구들과는 관심사가 달랐다. 늘 컴퓨터와 함께 놀았다. 어려운 컴퓨터 프로그래밍에 도전하며 새로운 것을 익히는 데서 즐거움을 찾았다.

리테시 아가왈이 본격적으로 컴퓨터에 관심을 갖기 시작한 것은 IT 기업가들을 우상으로 삼으면서부터이다. 그는 중학교 때 친구들에게 기업가가 되겠다고 선언했다. 기업가가 뭔지도 모르던 친구들에게 '기업가는 문제를 해결하고 그 과정에서 비즈니스를 창출하는 사람'이라고 알려주기도 했다. 어떤 일을 하는 사람인지 정확히는 모르지만, 그의 눈에 기업가라고 불리는 사람들은 모두 멋져 보였다. 특히 IT 기업가가 그랬다. 사전적 의미와 딱 맞는다고 생각했다. 그들이 하는 일에 구체적으로 관심을 갖고 흥미를 느끼다 보니, 자연스럽게 여러 가지 소프트웨어 프로그래밍 기술도 독학으로 익히게 되었다. 고등학교에 가서는 코딩과 관련된 일을 하며 살겠다고 마음먹었다.

고등학교 때 수학과 과학에 재능이 있던 그는 인도의 한 대기업이 주최하는 과학캠프에 240명의 청소년 중 한 명으로 선발되어 참여하게 되었다. 과학캠프 개최 장소는 집에서 멀었다. 기차를 타고 가서 며칠 동안 호텔에 묵어야 했다. 처음 가본 호텔이었다.

호텔은 덥고 위생적이지 못했다. 과학캠프가 끝난 후 시간이 남았지만 호텔 안에 머물기 싫었던 그는 부모님 몰래 혼자 기차를 타고 대도시 델리로 향했다. 성공한 기업가들의 이야기가 듣고 싶어서였다. 돈을 아끼기 위해 아주 형편없는 B&Bbed & breakfast(숙박과 아침식사를 제공하는 숙소)에 머물며 기업가들을 볼 수 있는 각종 이벤트와 컨퍼런스를 찾아다녔다. 그러나 행사 참석자로 등록할 돈이 없었기 때문에 눈치를 살피며 몰래 들어가 강연을 들어야 했다.

집으로 돌아온 그는 기업가, 스타트업, 비즈니스 관련 책들을 닥치는 대로 읽었다. 새로운 아이디어로 승부하는 혁신적 기업과 뛰어난 기업가들의 이야기는 그를 흥분시켰다. 사업에 도전하고 싶은 욕망이 강하게 불타올랐다. 특히 에어비앤비의 성공 스토리에 매료되었다. 창업에 대한 열망이 컸던 그는 대학 입학 1개월 만에 학교를 그만두고, 에어비앤비의 사업모델을 인도에 접목시키는 사업에 뛰어들었다.

당연한 것도 다르게 보는 눈

리테시 아가왈은 2012년, 대학을 그만두고 19세의 어린 나이에 에어비앤비의 인도 버전인 오라블 스테이즈Oravel Stays를 설립했다. 에어비앤비에서 영감을 얻어 여행자와 숙박 시설을 연결해주는 사업모델이었다. 당시 많은 여행사들이 온라인으로 넘어가던 시기였는데, 그는 이 기회를 놓치면 안 된다고 생각했다. 저렴한 숙박시설들을 모집해 사이트에 등록시키고, 여행객들이 온라인으로 예약할 수 있는 플랫폼을 만들었다. 야심 차게 시작했지만 그의 첫 번째 사업은 실패로 끝났다.

첫 번째 사업은 비록 실패했지만 두 번째 사업의 기회를 얻는 계기가 되었다. 처음 사업을 시작할 때 그는 숙박업체들을 가입시키기 위해 3개월 동안 B&B, 게스트하우스, 모텔 등 100차례 이상 숙박시설을 경험했다. 직접 발품을 팔며 돌아다닌 결과 저렴한 비용으로는 기분 좋게 숙박할 만한 시설이 없다는 것을 알게 되었다.

여행객들이 왜 웹사이트에 있는 리뷰를 신뢰하지 않는지도 깨달았다. 웹사이트나 광고에 나오는 사진과 실제 현장은 달라도 너무 달랐다. 얼룩진 세면대, 깨진 수도꼭지, 더러운 침대 시트, 에어컨 없는 찜통 같은 방, 고장 난 잠금장치 등 불결하고 불편한 곳이 대부분이었다. 인터넷에 올라온 사진만 믿고 예약한 여행객들은 기대했던 것과 다른 지저분함에 불쾌함을 느꼈다. 소비자들은 신뢰할 수 없는 예약 사이트를 외면했다. 실패는 당연했다.

실패에 답이 있었다. 사업의 성패는 제휴 업체를 많이 찾는 데 있지 않았다. 관건은 위생문제를 해결하는 것이었다. 그는 아무도 관심 갖지 않는 비위생적인 호텔에서 금광을 보았다. 아이러니하게도 사람들은 누구나 저가형 호텔의 문제점을 알고 있었지만 개선하려는 노력은 하지 않았다. 저가형 호텔이 지저분한 건 당연하다고 인식했다. 매일 봐오던 익숙함을 다른 관점에서 보는 것은 쉽지 않다. 당연한 것을 다르게 볼 줄 아는 그의 눈이 성공의 단초가 되었다.

인도에는 소규모 호텔이 많았다. 리테시 아가왈은 우연히 객실 규모 100개 이하의 소규모 비브랜드 호텔이 전체 호텔의 90퍼센트라는 신문기사를 접했다. 그리고 의문을 가졌다. 왜 아무도 이것을 임대하거나 프랜차이즈화하지 않는 것일까? 그는 둘 중 하나라고 생각했다. 누군가 시도해봤는데 실패했거나, 혹은 아무도 이런 기회를 알지 못했을 것이다. 당시 브랜드가 없는 호텔은 브랜드가 있는 호텔보다 약 30퍼센트 저렴했다. 그런데 브랜드 호텔의 객실 이용률은 80퍼센트인 데 비해, 비브랜드 호텔의 객실 이용률은 30퍼센트에 불과했다. 그는 질적 개선을 추구하면서 동시에 브랜드를 구축하면 소규모 호텔의 이용률을 높일 수 있다고 생각했다.

기본에 충실한
체크리스트로 관리하다

리테시 아가왈은 2013년 두 번째 사업에 착수했다. 위생적이고 가성비 높은 숙소를 만들면 소비자의 신뢰를 얻을 수 있다고 믿었다. 회사명도 당신만의 편안함을 느끼라는 의미를 담은 'On Your Own'의 약자 'OYO'로 지었다. 호텔과의 파트너십도 보다 밀착화했다. 이전에는 숙박업체를 인터넷 사이트에 올려 소비자에게 단순히 소개만 했었다면, 이번에는 좋은 서비스를 제공하는 숙박시설로 탈바꿈시킨 후 소비자에게 소개해주는 방향으로 바꾸었다.

그의 목표는 여행객들이 저렴한 예산으로 만족스러운 숙박이 가능하도록 하는 것이었다. 그러기 위해서는 기존의 지저분한 객실을 완전히 바꿔야 했다. 위생적 객실을 만들기 위해서는 기준과 원칙이 필요했다. 그는 기본에 충실한 객실을 만들기 위해 표준화 작업에 돌입했다. 깨끗한 침대 시트, 위생적인 화장실, 온수 샤워, 6인치 샤워 헤드, 에어컨, 평면 TV, 무료 Wi-Fi 등 반드시 갖춰야 할 최소한의 기준을 리스트업하고, 시트 접는 방법까지도 상세하게 기록한 체크리스트를 만들었다.

표준화된 체크리스트는 호텔을 관리하는 데 사용되었다. 예약 관리부터 고객 응대까지 150개의 호텔 관리 체크리스트와 30개의 룸 검사 체크리스트를 만들었다. 두 가지 체크리스트는 본사에서 파견한 직원이 호텔마다 방문해 직접 확인했다. 모든 객실은 3일마다 검사를 받았다. 각 도시마다 약 20명씩 고용해 현지 숙박시설을 관리하도록 했다. 오요의 기준을 통과한 호텔 파트너는 오요 웹사이트에 올랐지만, 그렇지 못한 숙박업체들은 탈락했다. 본사는 1200명으로 구성된 서비스 센터를 설립해 파트너 호텔에 오요의 표준화된 서비스와 운영을 지원했다.

고객의 반응은 좋았다. 초기에는 호텔의 일부 객실만 임대해 운영했다. 임대한 방의 침대를 바꾸고, 욕실을 고치고, 오요 로고가 들어간 물품들로 대체했다. 오요가 임대한 룸에 대해서만 체크리스트를 적용했다. 그러자 프론트 호텔 직원의 불친절에 불쾌했는데, 객실이 깨끗해서 놀랐다는 반응들이 올라

왔다. 한번 이용해본 사람들은 다시 오요를 찾았다. 이용객의 90퍼센트가 재이용객이라는 놀라운 성과를 만들었다.

체크리스트를 활용한 관리 결과는 성공적이었다. 인도 호텔의 평균 이용률이 62퍼센트이고 비브랜드 호텔의 이용률이 30퍼센트인 데 비해, 오요 호텔의 이용률은 70퍼센트에 이르렀다. 소비자 수요가 증가함에 따라 등록하려는 중소규모 호텔들도 늘어나면서 오요는 급성장했다.

표준화된 체크리스트를 만들면서 리테시 아가왈은 모든 것을 직접 체험해보려고 노력했다. 그래서 오요 본사가 있는 그루가온에서 1년 동안 객실 관리, 판매, 고객 응대 등 모든 일을 직접 경험했다. 직접 청소를 하고, 침대 시트를 갈고, 손님에게 룸을 안내했다. 심지어 고객의 요청으로 아이를 돌보고 팁을 받기도 했다. 고객이 자기 집처럼 편안함을 느낄 수 있는 서비스를 알아가기 위한 시간이었다. 그렇게 직접 경험하고 시행착오를 겪으면서 표준화된 체크리스트를 하나씩 완성했다. 이렇게 만들어진 체크리스트는 브랜드 호텔을 만드는 데 가장 중요한 기준이 되었다. 간판만 똑같은 브랜드가 아닌 객실의 편안함까지 동일한 하나의 브랜드, 과장된 광고로 불쾌감을 주는 호텔이 아닌 안심하고 예약할 수 있는 신뢰를 만들어냈다.

스스로 맞춤교육에서
기회를 찾다

하버드대학을 중퇴한 빌 게이츠, 마크 저커버그처럼 리테시 아가왈은 정규 교육이 성공을 위한 필수 조건이 아니라는 것을 입증한 전형적인 인물이다. 인도 비즈니스스쿨의 런던대학 인터내셔널 프로그램에 입학했지만 한 달 만에 학교를 그만두었다. 학교는 그가 생각했던 것과 달랐다. 비즈니스스쿨인데 기업가 정신을 배우거나 기업가들을 만날 수 있는 기회가 없었다. 차라리 기업가들을 찾아다니며 그들의 이야기를 직접 듣는 것이 더 낫다고 생각했다. 그는 이론이 아닌 현실을 배우고 싶었다. 그래서 원하는 것을 배울 수 없는 대학에 다니는 것은 시간 낭비라고 생각했다.

리테시 아가왈은 오늘날 오요의 성공이 있기까지 틸 파운데이션Thiel Foundation의 역할이 컸다고 말한다. 틸 파운데이션은 페이팔 창업자이자 페이스북의 최초 투자자였던 피터 틸이 2011년 설립했다. 혁신적 아이디어로 스타트업에 도전하고 싶어 하는 20세 이하 청년 약 20명을 선발해 2년 동안 틸 펠로우십Thiel Fellowship이라는 이름으로 10만 달러의 창업 지원금을 주고 있다. 단, 지원금을 받으려면 한 가지 조건이 있다. 창업 지원금을 받는 2년 동안 학교에 다녀서는 안 된다는 것이다. 물론 2년 후에는 본인이 원한다면 다시 학교로 돌아갈 수 있다.

피터 틸이 이런 재단을 만든 것은 대학이 젊은이들의 혁신적 사고를 저해한다고 믿기 때문이다. 그는 대학에 다니는 것은 돈과 시간 낭비라며, 청년들이 배워야 할 것은 대학 안이 아니라 대학 밖에 있다고 주장한다. 이런 관점에 대해 대학의 반응은 엇갈린다. 하버드대학 전 총장은 "대학을 그만두도록 뇌물을 제공하는" 프로그램이라며 피터 틸을 비판한 반면, MIT 총장은 틸 펠로우십에 합격한 MIT 학생들에게 축하 메시지를 보내기도 했다.

세상을 혁신적으로 바꾸는 데 일조한 스티브 잡스, 빌 게이츠, 마크 저커버그 모두 대학을 중퇴했다. 우버, 트위터, 오라클, 왓츠앱 등 많은 하이테크 창업자들 역시 대학을 그만둔 경험이 있다. 학교를 중퇴하고 창업하는 것을 위험한 것으로만 간주하던 시대는 이제 지났다. 틸 파운데이션의 지원금을 받는다는 것은 창업을 꿈꾸는 젊은이들에게는 명예훈장과도 같다. 자금 지원을 받으며 자신의 꿈을 실현시킬 수 있는 좋은 기회이기 때문이다. 해마다 수천 명의 젊은이들이 틸 펠로우십에 지원할 정도로 경쟁이 치열하다.

리테시 아가왈은 틸 펠로우십 서류심사에서 지원자 중 1퍼센트인 40명 중 한 명으로 선발되었다. 프레젠테이션을 하기 위해 미국행 비행기에 올라 그의 우상들이 혁신기업을 탄생시킨 실리콘밸리로 향하며 그는 설레임과 긴장감을 느꼈다. 선발 과정은 3주 동안 계속되었다. 많은 사람들과 아이디어를 공유하고, 프레젠테이션을 하고, 아주 긴 시간의 인터뷰를 하는 등 새로운 세상을 경험했다. 지원자들은 저마다 톡톡 튀는 아이디어를 가지고 왔다. 리테시 아가왈의 주제는 첨단기술력을 활용해 신흥경제에서 나타나는 저가형 숙박문제를 해결하겠다는 것이었다. 심사에서 통과되고 싶은 마음이 간절했다. 지원금도 필요했지만 멘토링, 워크숍, 기술지원, 동문 네트워크 등 바로 그가 원하던 진짜 교육이 그곳에 다 있었다. 혁신적 기업가로 훈련받을 수 있는 절호의 기회였다.

2013년 4월, 그는 10만 달러를 받았다. 꿈만 같았다. 어디에서도 얻을 수 없는 인생 최고의 기회였다. 그는 지금도 공식적인 학교는 아니지만 2년의 틸 펠로우십 기간 동안 가장 많이 배웠다고 한다.

학교 밖에서 찾은
최고의 스승

리테시 아가왈이 틸 파운데이션의 장학금 수혜자로 선정되었다는 사실은 인도의 신문기사에도 실렸다. 그가 이 장학금을 받은 첫 번째 인도인이자 첫 번째 아시아인이었기 때문이다. 대학 중퇴자라는 내용도 있었다. 이 소식을 듣고 깜짝 놀란 부모님이 찾아왔다. 사람들은 그를 칭찬했지만 그의 부모님은 정반대였다. 어머니는 대학을 졸업하지 않으면 좋은 여자와 결혼하지 못한다며 슬퍼했다. 아버지를 설득하는 데도 한참이 걸렸다.

아들이 5조 원 이상의 기업을 만든 지금도 어머니는 그가 일을 쉬고 대학에 가서 공부하길 바란다. 그럴 때마다 그는 "대학이 왜 나의 교육에 간섭해야 하느냐"고 단호하게 말한다. 교육이 중요하지 않다는 말이 아니다. 대학교육이 꼭 필요한 것은 아니라는 뜻이다. 그는 대학에 가면 획일화된 방식으로 학습하는데, 그건 자신의 스타일이 아니라며 어머니를 설득한다. 부모님을 기쁘게 하기 위해 대학에 입학했지만 그의 관심은 온통 기업가가 되는 것이었다. 당시에는 대학을 계속 다니면 정말로 하고 싶은 일을 못 하게 될 거라는 두려움이 컸다. 그래서 학업을 중단했다.

리테시 아가왈은 인생의 가장 큰 가르침을 피터 틸로부터 받았다고 말한다. 그의 조언이 없었다면 오요가 오늘날처럼 크게 성장할 수 없었을 것이라는 뜻이다. 리테시 아가왈은 특히 오요를 글로벌 기업으로 만드는 데 도움을 준 가르침으로 세 가지를 꼽았다.

첫째, 자신의 본능을 믿어라. 미국이나 중국의 성공사례를 카피해 인도 버전으로 만들지 말고, 독특한 자신의 아이디어의 힘을 믿으라고 배웠다. 검증된 저가형 호텔 웹사이트의 탄생은 피터 틸의 이런 조언과 부합했다. 아무도 관심 갖지 않은 저가형 호텔을 가치 있게 만든 건 순전히 아가왈의 아이디어였다.

호텔이 아니라 오피스에서 새로운 기회를 찾은 사람들도 있다. 공유 오피스인 '위워크WeWork' 역시 기존에 없던 독특한 아이디어로 성공한 경우다. 뉴욕의 한 건물에서 서로 다른 일을 하던 28세 청년 애덤 뉴먼과 34세였던 미겔 매켈비는 사무실 임대료가 너무 비싸다고 생각했다. 큰 사무실을 작게 쪼개 재임대하자는 새로운 아이디어를 생각해낸 두 사람은 건물주를 찾아가 한 층 전부를 임대하겠다고 제안한다. 건물주는 월 5000달러를 선불로 낸다면 제안을 받아들이겠다며 시큰둥했다. 이에 뉴먼은 후불로 7500달러를 주겠다고 호언장담했다. 뉴먼과 매켈비는 한 층을 15개 공간으로 나누어 한 사무실당 월 1000달러를 받았다. 건물주에게 7500달러의 임대료를 주고도 7500달러가 남았다. 이것이 공유 오피스 위워크의 시발점이 되었다. 위워크는 사무실 공유라는 기발한 아이디어로 지금은 전 세계 곳곳에 뻗은 글로벌 유니콘 기업이 되었다.

둘째, 크게 생각해라. 피터 틸은 리테시 아가왈에게 목표를 높게 잡으라고 조언했다. 인도를 넘어 더 넓은 세상으로 나아가고, 호텔 체인 사업을 넘어 거대 관광산업까지 넘볼 수 있도록 시야를 넓히라는 것이다. 크게 생각하는 것은 실리콘밸리 기업가들의 전형적인 스타일이자 사업의 중요한 성공 요소다. 크게 생각할 때 오랫동안 지속 가능한 비즈니스 아이디어를 얻을 수 있기 때문이다.

현재 모든 것을 파는 곳이 된 전자상거래업체 아마존은 원래 '책'이라는 하나의 아이템으로 출발했다. 월스트리트의 유명한 헤지펀드에서 전산 담당 부사장으로 일하던 제프 베조스는 우연히 접한 신문기사 한 줄에 자신의 운명을 걸었다. "전자상거래 시장 규모가 연간 2300퍼센트씩 증가했다."라는 내용이었다. 베조스는 인터넷으로 판매 가능한 물품에는 무엇이 있을지 종이에 써보았다. 그리고 그중 첫 번째 아이템으로 책을 선택했다. 책이나 출판에 대해 잘 알아서가 아니라 보관과 배송이 쉽다는 것이 그 이유였다. 책이 성공하자 판매 제품을 점차 늘려나가, 지금은 없는 것 빼고 다 있는 '모든 것을 파는 곳everything store'이 되었다. 온라인 거래에는 국경도 없다. 전 세계가 시장이고, 전 세계인이 고객이다.

셋째, 기업문화를 만들어라. 피터 틸은 처음부터 강력한 조직문화를 구축해야 한다고 강조했다. 특히 신생기업은 팀워크가 좋아야 한다. 같은 비전을 공유하고 함께 노력해야 앞으로 나아갈 수 있다. 조직 규모가 커진 후에도 마찬가지다. 직원들이 공동의 목표를 달성하기 위해 함께 노력할 수 있는 유일한 방법은 훌륭한 조직문화를 만드는 것이다. 덧붙여 피터 틸은 동일한 가치를 공유하는 사람들과 파트너가 되라고 가르쳤다. 아무리 큰 투자 유혹이 있더라도 기업의 조직문화는 결코 타협의 대상이 되어서는 안 된다고 조언했다.

한결같은 기업의 조직문화로 미국인의 국민 치킨이 된 브랜드가 있다. 한국에서는 생소한 패스트푸드업체인 칙필레Chick-fil-A이다. KFC는 매장 하나를 개설하려면 약 10억 원이 필요한 반면, 칙필레는 약 1000만 원 정도만 있으면 된다. 나머지 비용은 회사가 부담한다. 대신 운영자 선발이 까다롭다. 해마다 2만 명이 신청을 하지만 약 70~80명에게만 운영자 자격이 주어진다. 교육만 수개월을 이수해야 한다. 자금력보다 사람을 중요하게 생각하기 때문이다.

칙필레는 모든 사람을 존중하고, 지역사회에 봉사한다는 가치 지향점이 뚜렷하다. 고객이 "감사합니다Thank you."라고 말하면, 직원은 "저도 그렇게 해드려 기쁩니다It's my pleasure."라고 대답한다. 고객에 대한 서비스의 진정성이 느껴지는 한마디다. 즉, 회사는 정직한 사람에게 좋은 환경에서 일할 기회를 주고, 직원은 좋은 서비스를 고객에게 제공하고, 고객은 고객만족도 평가 1위(2015~2018년 연속 패스트푸드 고객만족도 1위)로 화답한다. 칙필레는 칙필레만의 조직문화로 선순환 구조를 만들어냈다. 정직, 존중, 봉사와 같은 조직문화가 바탕이 되어 매장 수는 KFC의 3분의 1에 불과하지만 매출은 세 배가 넘는 경쟁력을 가진 패스트푸드 체인점이 되었다. 기본에 충실한 칙필레의 조직문화는 황금만능주의 시대에 더욱 가치를 발휘하고 있다.

홈그라운드보다 더 성공한 중국시장, 현지화가 답이다

오요는 중국시장에서 짧은 시간 동안 빠르게 자리 잡았다. 2017년 11월 중국에 진출한 오요는 18개월 만에 320개 도시, 1만 개 호텔, 45만 개의 객실을 확보할 만큼 급성장해 현재 중국에서 두 번째로 큰 호텔 체인업체가 되었다.

중국시장에서 성공한 이유에 대해 리테시 아가왈은 현지화에 답이 있다고 말한다. 실제로 그는 중국어를 배우고 상하이에 거주하면서 오요가 글로벌 기업이 아니라 '중국에서 운영하는 중국 회사'임을 강조한다. 그리고 중국에서 오요가 중국 기업으로 운영되기를 원한다면서 "대부분의 글로벌 기업들이 이중 언어 가능자를 직원으로 채용하지만, 오요는 실천을 위해 최선을 다하는 사람을 모집한다."라고 말한 바 있다. 중국 오요의 5300명의 직원 중 5000명은 중국어만 할 줄 안다.

리테시 아가왈은 중국 현지인처럼 생각해야 앞서갈 수 있다고 말한다. 그리고 그 예로 호텔 체크인 시스템을 들었다. 그는 11억 명이 사용하는 중국의 국민 모바일 메신저 위챗을 이용해 온라인으로 쉽게 체크인할 수 있는 시스템을 만들었다. 중국인처럼 생각하다 보니 경쟁사를 앞서가는 방법도 눈에 보였다는 것이 그의 설명이다.

중국의 인구와 경제 수준을 고려할 때 중국에서 저가형 호텔의 브랜드화는 유의미한 사업이다. 젊은 중산층이 증가하면서 중국 내 관광시장의 소비 수요가 증가하는 상황에서 호텔의 질적 업그레이드가 필요한데, 오요는 이 지점을 잘 파고들었다. 2~6선 도시의 브랜드가 없는 호텔을 집중 공략한 것이다. 중국 파트너 호텔업체의 절반 이상이 중소도시에 위치해 있을 정도다.

오요가 중국에 진출하기 전인 2016년 기준 중국의 중저가 호텔 객실 수는 1129만 개로 전체 객실 수의 80퍼센트에 해당했다. 중국에 이미 거대한 호텔 체인업체들이 있지만 비싼 프랜차이즈 비용은 작은 호텔들에게는 부담으로 작용했다. 리테시 아가왈은 아무도 눈길 주지 않는 낡고 허름한 호텔들을 찾아 체크리스트로 표준화시키는 작업을 시도했다.

오요가 중국에서 성공할 수 있었던 가장 직접적인 요인은 상대방의 수익 창출이다. 중국인들은 손해 보는 장사는 절대 하지 않는다. 이문 없는 파트너십은 의미가 없다. 반면 이익이 된다면 누구든 거부하지 않는다. 설령 외국기업이라도 중국기업보다 더 많은 이익을 취할 수 있다면 외국기업과 파트너십을 맺는다.

리테시 아가왈은 오요의 프랜차이즈 진입 장벽을 낮춰 파트너 호텔들을 많이 가입시키는 전략을 사용했다. 다른 호텔 프랜차이즈들이 10년 계약을 요구하는 데 비해, 오요는 1년 단위 계약으로 접근했다. 또 상표 사용료는 3퍼센트 수준으로 다른 프랜차이즈와 비슷하지만, 다른 기타 수수료를 부과하지 않았다.

운영지원팀을 만들어 파트너 호텔을 관리 및 지원했다. 경험이 풍부한 호텔 매니저를 관리자로 채용해 1인당 100~150개의 객실을 관리하도록 하고, 객실, 리셉션, 직원 교육, 위생 관리, 판매 마케팅 등 전반적인 관리를 지원했다.

중국 선전의 한 호텔은 오요에 합류한 후 호텔 이용률이 65퍼센트에서 103퍼센트로 증가했으며, 고객 만족도도 두 배 높아졌다고 한다. 또 다른 호텔은 오요 가입 2개월 만에 고객이 20퍼센트나 늘었다며 만족스러운 반응을 보였다. 자신이 가진 자산의 가치를 키워 수익을 창출하는 데 도움을 준다면, 비록 외국기업이라도 그 기업을 거부할 현지인은 아무도 없다. 세계 최대 소비시장으로 부상하는 중국에서 리테시 아가왈의 현지화와 윈윈 전략은 중국에 진출하고자 하는 사람들에게 시사하는 바가 크다.

리테시 아가왈 Ritash Agarwal

1993년	인도 출생
2012년	인도 비즈니스스쿨 입학 및 자퇴
2012년	오라블 스테이즈Oravel Stays 창업
2013년	틸 파운데이션Thiel Foundation '20세 이하 20인' 선발
2013년	오요OYO Rooms 설립
2016년	《포브스》'컨슈머 테크놀로지 30세 이하 30인' 선정
2017년	오요 중국 진출

제3부

CHINA'S
YOUNG
RICH

전통과 역사를
배경으로

앞으로
향하다

스타트업을 하려는 사람들은 미래지향적 사업을 꿈꾼다. 그래서 새로운 것을 찾으려고 하는 반면, 과거와 전통은 고리타분하고 낡은 것으로 인식하는 경향이 있다.

한편 일본의 '노포老鋪'나 중국의 '라오쯔하오老字號'처럼 수십 년에서 수백 년의 전통과 노하우를 이어오는 기업들도 있고, 에르메스나 루이비통, 버버리, 롤스로이스와 같은 유럽의 명품 브랜드들처럼 100년 이상 시대를 초월하여 소비자들로부터 사랑받는 기업들도 있다. 역사와 전통은 장인정신, 우수한 비법, 검증된 신뢰라는 의미를 내포하고 있기 때문에 그 가치가 크다고 할 수 있다.

100년 브랜드에 비하면 스타트업이라고 할 수 있는 스타벅스는 흥미로운 역사와 전통문화적 요소들을 가져와 세계 최대 글로벌 커피 전문점이 되었다. 1851년에 쓰여진 소설《모비딕》에서 일등항해사의 이름 '스타벅'을 가져왔고, 선원들을 유혹해 배를 난파시킨다는 그리스 신화에 나오는 바다의 여신 '세이렌'을 모티프로 하여 로고를 만들었다. 그리고 이탈리아의 카페 문화를 접목시켜 커피를 마시며 대화할 수 있는 넓은 카페 공간을 만들었다. 역사와 전통 속에서 찾아낸 요소들로 멋진 조합을 만들어 현대화시키는 데 성공한 것이다.

중국에도 우리가 무심코 지나친 전통과 역사에서 의미를 찾고 가능성을 만들어 부자가 된 청년들이 있다. 언제부터 시작되었는지 그 역사를 알 수 없을 만큼 오래전부터 시작된 선물문화, 화장술, 교육열, 여행과 체험 등 전혀 새로울 것 없는 전통산업이지만 여기에서 새로운 기회를 찾아 부자가 된 사람들이다.

선물앱 리우슈어를 만든 원청후이는 중국의 전통적인 꽌시문화 속에서 자칫 무거워지기 쉬운 선물에 대한 개념을 재해석하고, 선물을 주고받는 방식에 IT를 활용해 젊은 감각으로 현대화시켜 부자가 되었다. 중국 토종 화장품 브랜드 위자후이를 만든 다이웨펑은 전통문화와 역사 속에서 찾아낸 스토리를 이용해 고객으로부터 신뢰를 구축, 연간 1억 개의 마스크팩 판매 신화를 만들어냈다. 자식교육을 위해 이사를 다닌 '맹모삼천지교'의 전통적인 교육열에서 빈부격차나 지위고하를 막론하고 어디에 살든 누구나 평등한 교육을 받아야 한다는 목표하에 현대화된 온라인 교육 플랫폼을 만든 장방신은 억만장자가 되었다. 글로벌 여행 예약 플랫폼 클룩을 설립한 에릭 녹파는 본인의 여행 경험을 통해 기존 여행상품의 불합리한 가격과 예약 시스템의 불편함을 개선하기 위해 스마트폰 하나로 편리하게 여행할 수 있는 플랫폼을 만들게 되었고, 이는 단체 관광에서 자유여행이라는 여행 트렌드의 변화 속에서 더욱 주목 받으며 성장하고 있다.

스타트업이라고 해서 반드시 첨단기술을 이용해 새로운 것을 창조해야 한다고 생각할 필요는 없다. 선물, 교육, 여행, 화장 같은 것들은 인류가 존재하는 한 사라지지 않을 분야다. 사람들의 라이프스타일에 역사와 전통을 잘 접목하여 현대화시킨다면 스타트업에게도 전통산업은 얼마든지 좋은 비즈니스 기회가 될 수 있다.

제1장

감사의 마음을 IT로 전하게 만든 원청후이

리우슈어 창업자

1993년 출생한 원청후이溫誠輝는 '90년대생 리틀 마윈'으로 불린다. 그는 대학 때 중국에서 최초로 선물 전문 전자상거래 플랫폼인 리우슈어禮物說를 설립, 회사 설립 3개월 만에 10만 명의 회원을 확보하는 진기록을 세웠다. 2016년에는 사용자가 1000만 명을 넘었고 거래액이 10억 위안(약 1700억 원)에 달하는 중국 최대 선물 플랫폼으로 자리 잡았다.

누구나 선물을 고르기 위해 인터넷 검색을 하다가 지친 경험이 한번쯤은 있다. 이런 경험이 원청후이가 창업을 시작하는 계기가 되었다. 젊은 감성으로 플랫폼을 구성하고, IT로 마음을 전달하는 새로운 방법으로 선물의 개념과 내용을 현대화시켰다. 선물 시장의 현대화를 이끈 그는 텐센트로부터 3000

만 달러의 투자를 받을 정도로 촉망받는 젊은 창업자로, 2016년 《포브스》 '아시아 30세 미만 30인: 소매 및 전자상거래' 부문에 선정된 바 있다.

할 수 있는 일은
무엇이든 시도하라

원청후이는 어릴 적부터 남달랐다. 돈 버는 일이라면 무엇이든 시도했다. 16세인 고등학생 때 용돈 전부를 털어 잡지 3000부를 만들어 학생들에게 팔았다. 당시 전교 학생 수가 3000명이었으니 모든 학생이 구입한 셈이다. 이 일로 교무실에 불려가 반성문을 써야 했지만, 일찍이 돈 버는 재미를 알게 되었다. 고등학교 3학년 때 졸업을 앞두고 모두 들떠 있는 시간에도 그는 돈 벌 궁리를 했다. 졸업식 전날 졸업생들이 공부했던 참고서들을 모아 판 것이다. 이렇게 마련한 돈은 대학에 가서 또 다른 사업을 벌일 수 있는 밑천이 되었다.

부자가 된 사람들 중에는 떡잎부터 남달랐던 사람들이 많다. 어려서부터 무엇을 하면 돈이 될지를 궁리했고, 그것을 실행에 옮겼다. 워렌 버핏은 껌을 박스째 사서 이웃집을 방문하며 한 개씩 파는 것으로 처음 돈을 벌기 시작했고, 이후에는 골프장 주변의 숲과 연못에서 골프공을 주워다 팔고, 스포츠 경기장을 찾아다니며 땅콩과 팝콘을 팔았다. 신문 배달을 할 때는 달력과 잡지를 함께 팔아 동시에 세 가지 일을 하며 돈을 벌었다. 이케아 설립자 잉그바르 캄프라드는 다섯 살 때 성냥 100갑을 대량 구매해 집집마다 돌아다니며 약간의 이문을 남기고 한 갑씩 팔았다. 조금 더 자라서는 직접 물고기를 잡아 자전거에 싣고 이웃집을 돌아다니며 판매해 돈을 벌었다. 마이클 델은 열두 살에 레스토랑에서 접시 닦는 일로 사회에 첫발을 내디뎠고, 컴퓨터 조립으로 돈을 벌다가 델컴퓨터를 설립했다.

이들은 어려서부터 돈 버는 게 습관이 되어 부자가 된 사람들이다. 가난해서 돈을 벌기 시작했든 호기심에 시작했든, 어려서부터 무엇이 돈이 되는지, 어떻게 해야 돈을 벌 수 있는지를 터득하고 돈 버는 재미에 빠진 사람들이다.

원청후이 역시 돈을 벌고 모으는 데 관심이 많았다. 광둥외국어대외무역대학에 다닐 때 같은 대학 학생이던 천안니陳安妮를 알게 되었다. 그녀는 현재 유명한 만화작가이자 1억 3000만 명의 회원을 가진 중국 최대 웹툰 플랫폼 중 하나인 콰이칸만화快看漫畫를 설립한 또 다른 젊은 부자이다. 손으로 그림 그리기를 좋아했던 그녀는 대학 때 아버지를 여의고 생계가 막막해지자 원청후이에게 만화 그림엽서를 그릴 테니 그것을 인쇄해서 팔아달라고 부탁했다. 두 사람은 곧 의기투합하여 학교에 작업실을 마련하고 본격적으로 일을 벌였다.

당시만 해도 중국에서 만화나 웹툰은 극히 일부 마니아층만 즐기는 것으로 치부되어 대중화와는 거리가 멀다고 생각했던 시절이었다. 하지만 원청후이는 만화에 대해 잘 모르지만 판매 대상을 잘 정하고 그에 맞는 내용을 잘 그리면 가능성이 있을 것으로 생각했다. 아버지를 여의고 경제적으로 어깨가 무거워진 천안니에 대한 동정심도 작용했다.

그런데 대학 캠퍼스 내 학생들의 생활을 그린 그림엽서가 대박이 났다. 젊은이들의 감성을 자극하는 데 성공한 것이다. 그들은 사업에 박차를 가했다. 그는 졸업식이 좋은 기회라고 생각했다. 졸업식 전날 8장 한 묶음의 엽서 세트를 만들어 준비했다. '나의 사랑하는 대학'이라는 제목의 시리즈였다. 호숫가에서의 나른한 오후, 자전거 대여소, 381번 버스, 야시장, 교내 해 질 녘의 달리기 등 대학 졸업생이라면 누구나 떠올릴 만한 추억의 장소를 그렸다. 학교를 곧 떠나는 졸업생을 비롯한 학생들에게 8000세트를 판매했다. 젊은이들에게 손 그림 만화에 대한 반응이 좋다는 것을 확인한 그는 이후에도 각 학교의 풍경을 그려 엽서로 만들어 판매했다. 100개 학교에 100만 장이 넘는 엽서를 팔아 100만 위안(약 1억 7000만 원)을 벌었다.

본격적으로 사업을 벌이기 위해 학교를 휴학하고 회사를 설립했다. 이번에는 엽서에 테크를 입혔다. QR코드를 엽서에 인쇄한 것이다. 그는 기존 엽서가 글을 쓸 공간이 부족해 내용이 제한적이라는 점에 착안하여 음성 녹음 기능이 있는 엽서를 만들었다. 스마트폰으로 엽서에 부착된 QR코드를 스캔하면 위챗, 웨이보, QQ 및 기타 소셜 플랫폼을 통해 발신자로부터 사진, 텍스트, 오디오, 비디오를 수신할 수 있도록 만들었다.

QR코드 엽서는 신선한 아이디어로 돌풍을 일으켰지만 누구나 카피가 가능했다. 그리고 만화를 그리던 천안니도 따로 투자자를 찾아 나서기로 했다.

그녀가 웹툰 사업에 투자해줄 사람을 찾기 위해 베이징행을 선택했을 때 원청후이는 그동안의 사업 동반자로서 동행했다. 여기저기 쫓아다녔지만 천안니는 계속 거절당했다. 당시 그의 수중에는 50만 위안이 있었다. 번번이 거절당하는 그녀가 안쓰러워 그가 가진 돈 전부를 투자할 생각도 있었다. 그러나 위험부담이 크다는 부모님의 만류로 소액만 투자했는데, 원청후이는 이 일을 두고두고 후회했다. 그때 50만 위안을 모두 투자했더라면 100배 이상의 투자 수익을 얻었을 것이었기 때문이다. 당시 만화에 대한 부정적 인식 때문에 웹툰에 투자하는 것은 리스크가 크다는 것이 일반인들의 생각이었다. 그녀의 회사가 중국 웹툰 시장을 장악할 것이라고는 아무도 예상하지 못했다.

선택의 폭을
줄여주면 돈이 된다

원청후이는 이렇게 천안니의 투자자를 알아보러 함께 베이징으로 향했지만, 순조롭지 않은 나날을 보내고 있었다. 그러던 어느 날 대학 친구로부터 좋아하는 여자친구에게 무슨 선물을 하는 게 좋을지 조언을 구하는 전화가 왔다. 발렌타인데이가 가까워오고 있었기 때문이다. 그동안 몇 차례 고민해서 선물했지만 마음에 들어 한 적이 한 번도 없었다는 것이다. 그는 여자친구가 좋아할 만한 선물들을 추천해주었다. 이후에도 그 친구는 선물을 살 때마다 조언을 구했다. 어느 날, 한동안 연락이 뜸했던 그 친구로부터 전화가 왔다. 좋아하는 여자를 연인으로 만드는 데 성공했다며, 그녀의 마음을 얻는 데 선물이 한몫했다고 진심으로 고맙다는 말을 전하기 위해 일부러 전화를 한 것이었다.

이 경험이 선물 플랫폼인 리우슈어를 만들게 된 계기가 되었다. 원청후이 역시 대학 때 비슷한 경험을 한 적이 있다. 여자친구에게 선물을 하려고 전자상거래 사이트인 타오바오와 포털 검색 사이트인 바이두를 한참 검색했지만 마음에 드는 선물을 찾지 못했다. 적당한 선물 아이템이 떠오르지 않을 때 누구나 사이트를 이리저리 뒤지고 다니지만 '바로 이거야'라고 할 만한 선물을 찾기는 어렵다. 가족이나 친구 생일, 어머니의 날, 아버지의 날, 입학식, 졸업식, 크리스마스, 발렌타인데이 등 선물을 주고받는 날이 너무도 많다. 특히 꽌시 문화가 발달한 중국에서는 선물을 주고받을 일이 더욱 많다. 그런데 많은 사람들이 매번 선물로 고민을 한다.

원청후이는 사람들에게 선물 관련 경험들을 들어보았다. 많은 사람들이 선물 고르는 데 어려움을 겪은 경험이 있었고, 때로는 잘못된 선물로 서로 오해가 생긴 경우도 있었다. 선물은

축하, 사랑, 감사와 같은 마음을 전달하는 방식인데, 그런 마음을 표현하기에 딱 맞는 선물을 고르는 것은 쉽지 않기 때문이다. 그리고 뻔한 선물보다 감동이 있는 선물은 효과가 배가된다. 뭔가 색다른 선물, 센스 있는 선물, 그러면서도 의미가 담긴 선물을 찾기란 생각보다 쉽지 않았다.

어떤 선물을 사야 할지 몰라 고민하는 사람들에게 딱 맞는 아이템을 추천해줄 수 있는 방법은 없을까? 이것이 리우슈어 플랫폼의 출발점이 되었다. '리우禮物'는 '선물', '슈어說'는 '말하다', 즉 선물에 대해 자신 있게 이야기하는 '선물 전문 쇼핑몰'이라는 뜻이다.

리우슈어의 맞춤형 선물 추천 서비스처럼 4차 산업혁명 시대에 빅데이터와 인공지능을 활용한 개인 맞춤형 추천 서비스가 영화, 뉴스, 음악 등 다양한 분야에서 응용되고 있다. 이런 추천 서비스가 사랑받는 이유는 선택의 폭을 대폭 줄여줌으로써 시간 낭비를 최소화할 수 있기 때문이다. 추천 기능도 갈수록 정교해져 정확도가 높아지고 있다.

이런 기능을 이용해 내 몸에 딱 맞는 옷을 추천해주는 스타트업 스티치픽스는 1조 원이 넘는 연 매출을 기록했다. 원하는 옷 한 벌을 주문하면 먼저 인공지능으로 적합한 옷을 찾아낸 후 스타일리스트가 다섯 가지를 골라 배송해주는 시스템이다. 소비자의 80퍼센트가 보내준 옷을 구매할 만큼 신뢰도가 높다. 바쁜 일상 속에서 쇼핑할 시간이 없던 창업자 카트리나 레이크Katrina Lake는 누군가 취향에 맞는 옷을 골라서 대신 사다 주면 얼마나 좋을까 하는 생각에서 창업을 시작하게 되었다고 한다. 그녀는 "소비자는 자신에게 딱 맞는 청바지 하나를 찾고 싶어 하지, 수많은 선택권을 원하지 않는다."라고 말한다. 홈쇼핑이나 온라인 쇼핑에서 옷을 구매한 경험이 있는 사람이라면 이 말에 누구나 공감할 만하다. 쇼핑 채널이 다양해지고 선택권이 많아지면서 사람들은 피곤해졌다. 이런 피곤함을 추천기능이 해결해주는 셈이다.

전통에 젊은이들의 감성을 더하라

리우슈어 사업이 처음부터 잘된 것은 아니었다. 사이트를 개설하고 몇 개의 제품을 올렸지만 반응이 없었다. 홍보도 안 되었고, 특별히 새로울 것도 없는 제품이었다. 대형 전자상거래 사이트와 비교해 경쟁력이 있는 것도 아니었다. 그동안 엽서 판매로 모은 돈은 금세 바닥을 드러냈다. 결국 직원 네 명만 남기고 모두 내보내야 했다. 원청후이는 만약 실패하면 대학으로 돌아가 대학 과정을 마치기로 결심했다. 모두가 마지막 기회라고 생각하고 밤낮없이 열심히 일했다.

기존 전자상거래 업체들처럼 뻔한 플랫폼을 만들고 싶지 않았다. 자신처럼 90년대에 출생한 젊은이들의 트렌드와 취향에 맞게 감각적이고 세련된 플랫폼을 만들고 싶었다. 이번에는 선물 분류부터 다르게 접근했다. 기존 전자상거래들이 상품을 품목별로 나열해 물리적 속성대로 구분했다면, 리우슈어는 선물이라는 단어가 가진 정서적 부분까지 고려하여 배치했다.

물건 판매에 중점을 둔다면 물건을 많이 팔면 팔수록 좋다. 그러나 선물에 중점을 둔다면 선물을 받은 사람이 선물이 마음에 들었는지가 중요하다. 그래서 리우슈어는 상대방에게 딱 맞는 선물을 구입할 수 있도록 3단계 추천 기능을 도입했다. 1단계로 선물 받는 대상을 나, 여자, 남자, 부모, 아동, 동료 등으로 구분하여 선택하고, 2단계로 기념일을 생일, 결혼, 감사, 명절, 발렌타인데이, 크리스마스 등 중에서 선택하도록 카테고리를 분류했다. 그리고 3단계에서는 선물의 종류를 미용, 수공, 먹거리, 애니메이션, 소형 테크 제품, 귀여운 선물, 신선한 선물 등 받는 사람의 개성에 맞게 분류했다. 이렇게 3단계의 클릭 과정을 거치면 내가 원하는 선물과 근접한 상품들이 추천된다. 더 이상 적합한 선물을 찾기 위해 여기저기 헤매고 다닐 필요가 없어졌다. 중국 전자상거래 최초로 '나를 위한 선물' 코너를 만들었다는 것도 주목을 받았다.

또 빅데이터를 이용해 어떤 선물이 얼마나 판매되었는지 알 수 있도록 했다. 집계된 데이터를 통해 어느 시기에 어떤 제품 구매율이 높았는지 확인하여 마케팅에 활용하고, 유통 문제도 효율적으로 개선했다.

온라인 사업의 성패는 사람들이 사이트에 얼마나 들어오느냐로 판가름 난다. 리우슈어에 사람들이 방문하도록 만드는 것이 중요했다. 사람들의 방문을 유도하는 데에는 만화가 친구인 천안니의 도움이 컸다. 그녀는 이미 팬덤을 형성하고 있는 유명 인사였다. 팬들은 대부분이 90년대생으로 젊은 여성들의 마음을 사로잡고 있었다.

원청후이는 그들을 리우슈어의 첫 번째 회원 가입 대상으로 삼았다. 중국의 트위터인 웨이보에 천안니가 글을 올렸다. "오늘 여러분을 위해 10만 장의 엽서를 선물로 준비했습니다. 지금 제가 보내드리는 이야기를 읽고 친구에게 리트윗해주세요. 링크에 주소를 남기시면 엽서를 무료로 보내드립니다." 그녀가 올린 이야기는 원청후이가 리우슈어를 만들게 된 스토리를 만화로 만든 내용이었다. 리트윗 후 링크에 주소를 남긴 사람들에게 QR코드가 인쇄된 엽서를 석 장씩 보내주었다. 음성을 녹음하여 보낼 수 있는 '말하는 엽서'라는 점에 사람들이 흥미를 가졌다. 그렇게 보낸 10만 장 중 6만 장 이상이 실제로 쓰였다.

원청후이 역시 가만있지 않았다. 50여 개 고등학교 앞에서 QR코드를 스캔해보라며 엽서를 무료로 나눠주었다. QR코드를 스캔하면 리우슈어 앱을 다운로드받을 수 있었다. 한편 마케팅용 게임도 만들었다. 리우슈어 앱을 다운로드받고 사용자가 게임을 하면 5위안(약 850원)을 선물로 주었다. 단순하지만 중독성 강한 이 게임은 위챗을 통해 급속히 퍼져나갔다. 단 이틀 만에 20만 명이 참여했다.

젊은이들의 마음을 사로잡는 이벤트는 성공적이었다. 만화가 친구의 도움, 음성 녹음 기능의 QR코드 엽서, 중독성 강한 게임과 무료 선물 등의 마케팅을 미리 준비해 동시다발적으로 실시하자 앱을 오픈한 지 보름 만에 가입한 회원이 50만 명을 넘었다.

또 리우슈어는 세련된 감성으로 사람들의 이목을 집중시켰다. 사진 이미지에도 따뜻하고 세련된 감성을 담았다. 선물을 소개하는 문구도 감성적이다. 소비자들은 인터넷 쇼핑몰을 서핑하는 느낌이 아니라 예쁘게 꾸며진 잡지를 읽는 기분이라고 호평했다. 선물이라는 아이템으로 시작한 스타트업이지만, 현재는 '90년대 출생자들을 위한 라이프스타일 가이드'라는 슬로건을 내세우며 그 영역을 확대하고 있다.

주변의 핀잔이 나의 열정을 멈추게 할 수는 없다

원청후이는 전통적인 선물의 의미를 현대화시켰다. 중국에서 전통적인 선물은 술, 담배, 지역 특산품이 주류였는데, 그는 선물에 다양한 종류가 있음을 알려주었다. 실제로 리우슈어 회원 중 20퍼센트가 40대 이상이라는 점은 전 연령층에서 천편일률적인 뻔한 선물보다 다양한 선물에 관심이 있음을 말해준다. 마치 커피를 마시는 곳이 칙칙한 다방에서 세련된 카페로 바뀐 것처럼, 전통적인 선물에 대한 고정관념을 깨고 아기자기한 소품도 선물이 될 수 있음을 알려주었다. 그리고 센스 있고 가치 있는 세련된 제품들을 다양하게 소개했다.

선물을 주고받는 방식도 현대화시켰다. 그는 전자상거래의 핵심은 물건을 판매하는 것이지만 선물의 핵심은 선물을 주는 것이라는 데 주목했다. 그래서 선물을 주는 방식에 90허우가 익숙한 SNS를 활용했다. 위챗으로 지인에게 선물을 보내면, 선물 받을 사람이 자신의 주소를 직접 입력하기만 하면 무료로 배송되는 시스템을 채택한 것이다. 위챗을 활용해 선물을 쉽게 주고받을 수 있는 새로운 개념의 서비스였다. 그는 위챗이 서로 소통하는 소셜 네트워크라면, 선물은 사람과의 관계에서 윤활유 역할을 한다고 생각했다.

선물의 의미와 전달 방식을 현대화시킨 그는 선물의 영역을 계속 확대 중이다. 아기자기한 저가형 선물에서 고가의 영역으로, 젊은 연령층에서 전체 연령층으로, 그리고 온라인 꽌시를 이용한 개인간 선물 시장에서 기업용 선물 시장으로 선물의 범위를 확대해가고 있다.

그러나 원청후이는 가정과 학교에서 그다지 미덥지 않은 존재였다. 리우슈어 앱을 오픈한 지 얼마 되지 않아 글로벌 벤처캐피털인 세쿼이아 캐피털로부터 300만 달러를 투자받을 때였다. 최초의 기관투자였다. 그는 그 상황이 믿기지 않았다. 투자자에게 "왜 저에게 투자하려고 합니까?"라고 물었다. 투자자는 "당신은 90년대생 마윈이 될 겁니다. 그래서 우리는 당신과 함께 가려고 합니다."라고 대답했다.

마윈 이야기를 듣자 그는 처음 창업했을 때가 떠올랐다. 수업을 자주 빼먹어 교수 연구실에 종종 불려가 잔소리를 들으며 혼이 났다. 교수로부터 "네가 마윈이라도 되는 줄 아느냐?"라는 말까지 들었다. 창업을 위해 휴학을 고민하자, 부모님은 "마윈이 너를 망쳤구나. 전국에 마윈은 오직 한 명이야. 네가 마윈이 될 수 있다고 생각하니? 꿈 깨라. 열심히 공부해서 공무원이 되어야 한다."라고 창업을 말렸다. 규모가 큰 투자기관으로부터 투자 제의를 받았을 때도 부모님은 아들이 다단계에 빠진 줄 알고 걱정했다.

그런데 이제는 마윈이 될 수 있다며 사람들이 거액을 투자하겠다니 믿어지지가 않았다. 젊은 나이에 큰 투자를 받은 그는 문구점에서 산 싸구려 볼펜으로 300만 달러의 투자 서류에 서명하면서 자신의 이름 석 자가 가치 있다는 것을 처음 깨달았다.

힐튼호텔 설립자 콘라드 힐튼은 생계유지를 위해 호텔에서 벨보이로 일하면서도 세계에서 가장 큰 호텔의 주인이 되겠다는 꿈을 꾸었다. 그는 당시 가장 큰 호텔의 사진을 구해 책상 앞에 붙여두었다. 그 사진을 보며 훗날 호텔 주인이 된 자신의 모습을 상상했다. 주변 사람들은 허황된 꿈이라고 비웃었다. 15년 후 그는 정말로 미국에서 가장 큰 호텔의 주인이 되었다. 성공 비결을 묻는 질문에 그는 재능과 노력보다 중요한 것은 꿈꾸는 능력이라고 말했다. 호텔 벨보이 시절 함께 일하던 동료 중 자신보다 성실하고 뛰어난 사람은 많았지만, 성공한 스스로의 모습을 생생하게 꿈꾼 사람은 자신뿐이었다는 것이다.

물론 꿈만 꾼다고 해서 꿈이 실현되는 것은 아니다. 콘라드 힐튼은 꿈을 실현시키기 위해 호텔 주인이 된 것처럼 일했을 것이다. 원청후이는 부모님의 만류와 교수님의 핀잔에도 사업을 멈추지 않았다. 머리에 온통 사업 구상뿐이었다. 꿈이 확고했기 때문에 남들의 눈에 비친 나의 모습은 중요하지 않았다. 오로지 나의 꿈을 구체화하여 실현시키는 데만 열중해 부자가 된 것이다.

원청후이 溫誠輝

1993년	광둥성 출생
2011년	광둥외국어대외무역대학 입학
2013년	톄톄정보과학기술유한공사 설립
2014년	리우슈어禮物說 앱 공식 출시
2016년	《포브스》 '아시아 30세 미만 30인: 소매 및 전자상거래' 선정

제2장

마스크팩에 담은 전통, 다이웨펑

위자후이 창업자

세계 최대 화장품시장으로 부상하고 있는 중국에서 연간 1억 개의 마스크팩을 판매하는 브랜드가 있다. 중국 토종 브랜드 인 위니팡御泥坊이다. 위니팡의 CEO인 다이웨펑戴躍鋒은 중국 '마스크팩의 왕자'로 불리며, 2012년《포브스》'중국 30세 이하 창업가 30인'에 선정될 정도로 20대부터 사업에 두각을 나타 냈다.

사실 위니팡은 다이웨펑이 설립한 회사가 아니다. 그는 원 래 위니팡의 온라인 판매대행을 담당하는 회사를 운영했다. 인지도 없던 화장품 브랜드를 단 몇 달 만에 중국 1위 마스크 팩으로 만들면서 당시 해외 브랜드가 장악하고 있던 중국 화 장품 시장에 돌풍을 일으켰다. 판매대행업을 시작한 지 2년도 채 안 된 2008년, 위니팡 브랜드와 공장을 인수하고, 2011년 위자후이御家匯라는 이름의 새로운 기업을 설립했다. 하청업체가 원청업체를 인수하여 회사 규모를 더 크게 키운 셈이다.

어릴 때부터 터득한 비즈니스 감각

다이웨펑은 가난이 자신을 사업가로 키웠다고 말한다. 어렸을 때부터 돈을 벌기 위해 여러 가지 일을 시도하면서 비즈니스 감각이 자연스럽게 생겼다는 것이다. 후난성 농촌의 가난한 집에서 태어난 그는 어려서부터 돈을 벌 수 있는 일이라면 무엇이든 시도했다. 그의 첫 사업은 초등학교 5학년 때 시작되었다. 다른 마을로 이사 갔을 때이다. 이사 간 동네 잡화점에서 새로운 사탕을 발견했다. 이전에 살던 마을에서는 못 보던 사탕이었다. 그는 곧 사탕 수십 개를 사서 이전 마을에 살고 있는 사촌에게 보내 이문을 남기고 사탕을 그곳 잡화점에 팔도록 했다. 아무도 장사에 대해 가르쳐주지 않았고, 초등학생이 중간상에 대해 알 리 없었지만 돈을 벌어보겠다는 욕망이 스스로 중간상 역할을 터득하게 만든 것이다.

중학교 2학년 때 학교에서 구충제를 무료로 나눠준 적이 있는데, 약을 안 먹고 버리는 학생들이 있었다. 그는 구충제가 돈이 된다는 것을 구급처치원인 아버지를 통해 알고 있었다. 당시에는 병원도 멀고 교통도 불편했기 때문에 농촌 마을마다 구급처치원이 있었다. 비상시 간단한 치료를 해주는 사람이었다. 다이웨핑은 학교에서 무료로 나눠준 구충제를 팔려고 약을 더 얻기 위해 약을 잃어버렸다, 약 먹기를 좋아한다는 등의 이유로 선생님을 졸라 여섯 알을 더 받기도 했다. 평소 선생님께 말 한마디 못 하던 소심한 학생이었지만 돈 벌 욕심 앞에서는 저절로 용기가 생겼다.

후난사범대학에 입학한 후에도 돈 벌 궁리만 했다. 처음에는 기숙사 각 방을 돌아다니며 학생들에게 볼펜을 팔았다. 심지어 여자 기숙사까지 들어가 판매했다. 과외 아르바이트도 했다. 중학교 2학년 학생에게 5일 동안 물리를 가르친 적이 있었다. 중간고사에서 30점 맞던 학생이었는데 기말고사 성적을 70점으로 끌어올렸다. 그러자 몇몇 다른 학생들로부터 과외를 해달라는 문의가 들어왔다. 다이웨핑은 머릿속으로 계산기를 두드렸다. 과외하는 데 두 시간, 왔다 갔다 하는 데 한 시간, 총 3시간을 할애하여 30위안(약 5000원)을 벌었다. 그런데 만약 친구들에게 과외 학생을 소개시켜주고 소개비로 15위안씩 받는다면 직접 과외를 하는 것보다 훨씬 이익이라는 생각이 들었다. 생각이 여기에 미치자 그는 곧 행동으로 옮겼다.

다이웨핑에게는 다섯 살 많은 형이 있다. 어릴 때부터 함께 경제 동향이나 기업의 사업모델에 대한 이야기를 나누었다. 다른 사람들의 기업활동을 보며 사업의 장단점을 분석하는 것이 습관처럼 몸에 배었다. 돈을 벌고 싶은 열망도 같았다. 형과 과외 중개에 대해 이야기를 나눈 끝에 사업화하기로 의기투합했다.

우선 과외 받을 학생들을 모집하기 위해 홍보 전단이 필요했다. 돈을 마련하기 위해 휴대전화를 다른 사람에게 빌려주고 300위안(약 5만 원)을 받았다. 그 돈으로 수천 장의 전단지를 인쇄하여 번화가 중심지에서 길거리 사람들에게 나눠주었다. 결과는 참담했다. 아무리 기다려도 과외를 하겠다는 연락이 한 건도 안 왔다. 떠올려보니 사람들은 손에 쥐어준 전단지를 보려 하지 않았다. 받은 전단지를 바로 길바닥에 버리는 사람도 있었다. 과외에 전혀 관심 없는 엉뚱한 사람에게 전달했기 때문이다. 이 경험을 통해 전단지를 받은 사람이 잠재고객은 아니라는 사실을 깨달았다. 마케팅을 할 때는 잠재고객에게 정확하게 전달되어야 한다는 교훈을 배운 것이다.

다이웨핑은 포기하지 않았다. 문제점을 파악했으니 해결방법만 찾으면 됐다. 과외 선생을 찾는 부모들은 주로 벽보에서 정보를 얻었다. 당시 중국에는 동네마다 게시판 역할을 하는 벽이 있었다. 그곳에 구인구직, 물품거래 등 필요한 정보들을 붙였다. 그런 곳에 벽보를 붙이면 됐지만 더 이상 벽보를 만들 돈이 없었다. 그는 같은 대학에서 미술을 전공하는 학생을 찾아갔다. 눈에 띄는 예쁜 포스터를 여러 장 그려달라고 요청했다. 과외 포스터였다. 완성된 포스터를 유명 서점 출입문 옆 벽 등 학부모들이 많이 갈 만한 장소 곳곳에 붙였다. 결과는 성공적이었다. 곳곳에서 가정교사를 구한다는 연락이 왔다. 학부모

연락처를 정리하여 대학 친구들에게 소개하고 소개비를 챙겼다. 중개 수수료로 하루에 300위안씩 벌기도 했다.

이번에는 아르바이트생을 두세 명 고용해 과외 할 학생을 구한다는 벽보를 붙이게 하고 부모들의 요구사항을 정리하도록 시켰다. 그리고 이렇게 수집한 정보를 가지고 있다가 기말고사 무렵 친구들에게 공개했다. 대학생들은 방학 때 아르바이트를 하기 때문에 기말고사 무렵이 과외 정보를 공개할 적기였다. 친구들은 과외 연락처를 받기 위해 줄을 섰다. 많이 벌 때는 수수료로 하루에 1000위안을 벌기도 했다. 휴대전화를 살 수 있을 만큼 큰돈이었다. 전단에 대한 아픈 기억은 있지만 학생 때 시도한 사업 중 가장 성공적이었다. 친구들은 농담으로 수요와 공급에 따라 결정되는 시장경제를 활성화시켜 취업 문제를 해결했다며 그의 비즈니스 감각을 칭찬했다. 어릴 적부터 눈뜬 사업적 감각은 서서히 몸에 배어갔다.

스스로 기회를 개척하다

대학 졸업 후 후난상학원에 취업해, 행정 일을 하며 안정된 생활을 했다. 그러나 늘 가슴 한 켠이 답답했다. 더 큰 세상에서 살고 싶다는 욕망이 컸지만, 월급 800위안으로는 어림없었다. 직장생활을 하면서도 돈 벌 궁리를 했다.

어느 날 다이웨펑은 쓰던 휴대전화를 팔기 위해 온라인 사이트에 올려봤다. 중국에서 전자상거래가 막 태동할 무렵이었다. 정말 팔릴까 하는 의구심이 들었지만 밑져야 본전이라는 생각으로 일단 시도했다. 그런데 정말로 중고 휴대전화를 사겠다는 전화가 왔다. 물건을 직접 눈으로 확인하지 않고 거래가 이루어진다는 것이 마냥 신기했다. 중고 노트북도 팔아보았다. 순식간에 판매되었다. 그는 중고거래가 돈이 된다는 것을 깨닫고, 알리바바 산하 쇼핑몰 타오바오에서 한 달에 10~15대의 중고 노트북을 팔아 수천 위안을 벌었다. 월급보다 훨씬 많이 벌게 되면서 2005년 7월에는 다니던 직장을 그만두었다. 그리고 본격적으로 중고거래 회사를 운영했다. 직원까지 고용할 정도로 사업은 순조롭게 진행됐다.

그는 여기에 만족하지 않았다. 중고거래로는 자신의 미래가 크게 밝지 않다고 생각했다. 시야를 넓히기 위해 여기저기 부지런히 쫓아다녔다. 항저우에서 개최된 제1회 '타오바오 운영자 대회'에 참석하기도 했다. 이 대회는 타오바오 쇼핑몰 판매자를 확보하고 홍보하기 위해 시작한 행사로 타오바오의 비전과 운영방침, 판매자에게 어떤 서비스를 제공하는지 등을 설명하는 자리였다. 이 행사는 해마다 알리바바 본사가 있는 항저우에서 개최되고 있다. 지금은 수천 명의 판매자가 참석하는 큰 대회로 자리 잡았다. 다이웨펑은 이곳에서 많은 정보를 접했다. 특히 온라인에서도 자신의 브랜드를 가진 판매자들이 있다는 것을 보고 놀랐다.

항저우에서 만난 전자상거래 산업은 완전히 새로운 세상이었다. 다이웨핑 역시 새로운 변화의 물결에서 기회를 잡고 싶었다. 당시는 타오바오 설립 초기였다. 노트북 중고거래로 직원까지 둘 정도면 타오바오몰 창사지부에서 어느 정도 이름이 알려졌을 것이라고 생각한 그는 '타오바오 후난상인연맹'을 만들어 스스로 회장이 되었다. 이런 직함은 유용했다. 얼마 후 2006년 10월 타오바오가 개최하는 '후난상인연맹 타오바오 판매자 소통회'가 열렸다. 그리고 그곳에서 그의 운명을 바꾼 위니팡을 만나게 된다.

처음 위니팡을 봤을 때 그의 심장박동이 빨라졌다. 화장품 불모지였던 중국에서, 그것도 후난 지역에 자체 브랜드 화장품이 있다는 사실에 가슴이 두근거렸다. 그는 자신이 찾던 비즈니스 기회임을 직감했다. 타오바오 운영자 대회에 다녀온 후 전자상거래에 더욱 관심을 가지고 있던 터였다. 위니팡 제품이 온라인 판매에 적격이라고 생각했다. 자기 고향의 브랜드를 최고의 브랜드로 만들어보고 싶다는 생각에 심장이 요동쳤다.

다이웨핑은 온라인 판매권을 획득하기 위해 바로 위니팡 사장을 찾아갔다. 하지만 단번에 거절당했다. 회사에 이미 온라인 판매 담당자가 있다는 것이 그 이유였다. 그러나 그는 포기하지 않았다. 위니팡 사장과 그 지역 현의 당서기가 창사 시내에서 같은 호텔에 묵는다는 것을 확인한 후 호텔로 향했다. 자타공인 타오바오 후난상인연맹 회장이었던 그는 현의 당서기와 평소 친분이 있었다. 셋이 함께한 자리에서 당서기가 위니팡 사장을 설득했다. 그의 도움으로 다이웨펑은 위니팡과 일할 수 있게 되었다.

다이웨펑은 매번 기회를 스스로 만들었다. 안정된 직장을 과감하게 그만두고, 확신이 없어도 일단 시도해보고, 더 넓은 세상을 향해 늘 전진하고, 우연을 가장한 필연을 만들면서 운명을 개척했다.

한 가지에 집중할 때 폭발적 힘이 발휘된다

위니팡의 온라인 판매대행을 맡게 된 후 4개월 동안의 준비를 거쳐 2007년 3월, 타오바오에 정식으로 온라인 매장을 열었다. 그리고 같은 해 12월, 타오바오에서 최고의 마스크팩으로 선정되는 기록을 세웠다. 몇 개월 만의 성과였다. 처음에 눈길조차 안 주던 위니팡 사장 역시 놀라움을 금치 못했다.

기존 전자상거래의 부진함을 극복하고 놀라운 기록을 세운 노하우는 무엇일까? 다이웨펑은 오프라인과 온라인의 판매방식이 다르다고 말한다. 오프라인 매장 판매라면 매장을 채울 여러 가지 종류의 제품과 다양한 화장품 라인을 갖춰야 한다. 그러나 온라인 매장은 다르다. 오직 한 제품에 집중할 때 성공 확률이 높아진다.

처음 위니팡의 전자상거래 판매대행을 맡았을 당시 온라인에서 판매되던 제품은 크림 한 개, 세안제 두 개로 총 세 가지 제품이었다. 다이웨펑은 온라인 판매에 적합한 제품 한 가지를 선택해 집중하기로 했다. 바로 진흙 마스크팩이었다. 그가 마스크팩에 확신을 가졌던 것은 당시 이탈리아 브랜드인 보르게세 머드 마스크팩이 타오바오에서 최고의 평가를 받았기 때문이다. 이 제품은 위니팡의 진흙 마스크팩과 매우 흡사했다. 조사결과 오히려 위니팡 제품에 미네랄 성분이 더 풍부하다고 나왔다. 다이웨펑은 충분히 경쟁력이 있다고 판단했다.

한편 다른 제품들은 온라인에서 모두 내렸다. 여러 제품을 판매할 경우 브랜드를 성장시키는 데 더 많은 시간이 필요하기 때문이다. 오직 마스크팩 하나에 집중했다. 대신 위니팡을 마스크팩 브랜드로 새롭게 홍보하기 위해 온갖 정성을 쏟았다. 성분, 포장, 스토리텔링 등 진흙 마스크팩 제품을 완전히 새롭게 단장했다. 그리고 다른 종류의 마스크팩을 11개 더 개발했다. 하나의 제품에 집중하면서 제품력을 강화한 것이다.

한 가지 제품에 집중하다 보니 마케팅도 과감하게 진행할 수 있었다. 처음 위니팡 마스크팩은 타오바오에서 판매되는 수많은 마스크팩 중 하나에 불과했다. 판매액은 형편없었다. 그런데 다이웨펑의 마케팅 전략은 과감했다. 타오바오 소비자에게 9000개의 마스크팩을 무료로 제공했다. 마스크팩을 필요로 하는 사람이 직접 주문을 클릭하므로 잠재고객의 손 안에 정확히 들어가는 마케팅이었다. 무엇보다 품질에 자신 있었으므로 잠재고객을 충성고객으로 만들 수 있는 기회라고 확신했다. 대신 고객이 사용 후기를 쓰도록 유도했다. 그리고 소비자들의 피드백을 반영해 신제품을 개발했다. 이 이벤트를 계기로 3개월 만에 위니팡은 유명해졌고, 단기간에 충성고객을 확보하는 데 성공했다. 매출액도 크게 상승했다. 무료 마스크팩 제공과 무료 배송으로 마케팅 비용은 많이 들었지만 그이상의 가치가 있었다. 이런 경험을 통해 그는 한 가지 일에 집중할 때 폭발적인 힘이 나온다는 신념을 갖게 되었다.

위니팡의 광고비는 다른 기업의 절반도 안 된다. 기존의 전통 화장품 기업들이 영업이익의 약 30퍼센트를 광고비용으로 책정하는 데 비해 위니팡은 15퍼센트 미만을 유지하고 있다. 온라인 판매와 온라인 홍보에만 집중한 결과다.

다이웨펑의 선택과 집중은 성공적이었다. 처음 시작할 때만 해도 전자상거래 사업에 의구심을 품는 사람들도 있었고, 관망하는 사람들이 대부분이었다. 당시 주저하던 사람들은 좋은 기회를 놓쳤다. 새로운 쇼핑 패턴에 일찍 눈뜨고 온라인으로 직접 물건을 판매해본 경험이 있던 그는 전자상거래의 물결에 뛰어드는 데 망설임이 없었다. 중간 유통단계를 없애고 가격을 낮출 수 있는 전자상거래 시장은 급속도로 성장했다. 그러나 전자상거래에 뛰어들었다고 모두 성공한 것은 아니다. 위니팡은 온라인과 마스크팩이라는 선택과 집중 덕분에 성공했다. 결국 온라인 매출액이 회사 전체 매출에서 절대적인 부분을 차지할 정도로 다이웨펑은 위니팡의 일등공신이 되었다.

전통에서 찾은 스토리텔링의 힘

다이웨펑은 제품의 브랜딩을 잘하면 더 큰 돈을 벌 수 있다고 생각했다. 브랜드는 곧 제품에 대한 신뢰이고, 신뢰는 소비자에게 제품 선택의 기준이 되기 때문이다. 특히 얼굴에 바르는 화장품은 품질에 대한 신뢰가 절대적이다. 당시 화장품 산업이 발달하지 못한 중국에서 소비자들이 해외 유명 브랜드 화장품을 선호하는 이유이기도 했다.

진흙 마스크팩을 신뢰받는 브랜드로 만들기 위해 그는 스토리텔링에 공을 들였다. 진흙의 역사와 전통에 내포된 스토리를 끌어내는 것이 그의 브랜드 전략의 핵심이었다.

중국에는 예로부터 진흙을 숭상하는 전통이 있었다. 후난성 작은 현에 위치한 위니팡의 진흙 생산지는 수나라 때부터 1500년의 역사를 가진 곳이다. 이곳에서는 이때부터 지금까지 진흙으로 제사를 지내는 의식이 이어지고 있다. 해마다 봄이 되면 주민들이 모닥불을 둘러싸고 즐겁게 노래하며 춤을 추는데, 이때 얼굴과 온몸에 진흙을 바르면 부스럼이 생기지 않고 액운을 물리칠 수 있다고 믿었다. 다이웨펑은 진흙에 들어 있는 풍부한 천연 미네랄의 효능 때문에 이런 전통이 생겼다고 홍보했다. 과학적 정보를, 진흙을 이용해 질병을 예방하고 병을 치료하는 조상들의 지혜와 전통이라는 스토리로 풀어내 제품의 가치를 높인 것이다.

청나라 때는 신비한 효능 때문에 이곳의 진흙을 분말로 만들어 종이 파우더 형태로 황실에 진상하기도 했다. 서태후도 이 진흙 파우더를 사용했다고 한다. 제품명이 '황실의 진흙'이라는 뜻의 '위니御泥'인 것도 이런 역사적 배경 때문이다. 중화민국 시기에는 그 진흙이 일본, 미국, 유럽까지 수출되었으며, 지금도 반제품으로 해외에 수출되고 있다.

'황실에서 사용하는 제품'이라는 문구는 브랜드 이상의 강력한 힘을 갖는다. 홈쇼핑에서도 영국 왕실에 납품되는 제품이라는 말 한마디로 완판을 기록한다. 예부터 최고로 귀한 제품만 황실에 진상되었으므로 지금도 황실이나 왕실에 납품되는 제품은 철저한 검증을 거쳤을 걸로 믿는 것이다. 중국을 대표하는 차와 술인 보이차와 마오타이주가 선물용으로 많이 사용되는 것도 황실에 바치던 진상품이라는 신뢰 때문이다.

위니팡 진흙 마스크팩은 핵심 재료인 진흙의 전통과 역사적 사실, 과학적 효능을 담은 스토리텔링으로 소비자에게 설득력 있게 다가갔다. 성분이나 효능과 같은 정보는 쉽게 잊히지만 스토리텔링은 이미지로 오랫동안 기억에 남는다. 제품을 보거나 브랜드를 떠올릴 때 스토리의 이미지도 함께 떠오른다. 즉, 스토리가 곧 제품과 브랜드의 이미지가 되는 것이다. 결국 인상적인 스토리텔링은 제품과 브랜드의 가치를 높이는 데 중요한 역할을 한다.

롤모델이
나를 성장시킨다

다이웨평은 자신에게 두 명의 비즈니스 롤모델이 있다고 말한다. 알리바바의 마윈과 샤오미의 레이쥔이 그들이다. 마윈으로부터 경영 마인드를 배우고, 레이쥔으로부터 제품의 가치에 대해 배웠다는 설명이다. 사실 롤모델은 많을수록 좋다. 누구에게나 배울 점이 있기 때문이다. 각각의 인물로부터 내가 배우고 싶은 장점들을 취합하다 보면 내가 그들보다 더 괜찮은 사람이 되어 있을지도 모른다.

알리바바를 설립한 마윈은 창업을 꿈꾸는 중국 청년들의 롤모델이다. 학벌, 집안, 외모 등 무엇 하나 내세울 것 없는 '루저'였지만, 창업 성공신화를 쓰며 중국 최고의 부자가 되었다. 마윈의 존재 자체가 사람들에게 희망과 용기를 준다.

다이웨평도 그런 마윈을 롤모델로 삼았다. 그는 스스로를 마윈의 '신도'라고 칭한다. 마윈을 교주로 생각할 만큼 마윈이 그의 성공에 중요한 영향을 미쳤다는 의미다. 중고 노트북으로 본격적인 사업을 시작한 것도 마윈이 설립한 알리바바 산하의 쇼핑몰 타오바오를 통해서였다. 위니팡이 대박을 터뜨린 곳도 타오바오였다. 타오바오의 물결을 따라가다 보니 오늘날의 위니팡이 되었다고 해도 과언이 아니다. 그가 부자의 길로 들어서는 관문을 타오바오가 열어준 것이다.

기업가가 갖춰야 할 마인드를 배운 것은 마윈이 운영하는 후판대학에서였다. 후판대학의 교장인 마윈의 강의를 직접 듣기도 했다. 항저우에 있는 후판대학은 일반 대학이 아니라 차세대 경영 리더 양성기관이자 교류의 장이다. 제2의 마윈을 꿈꾸는 유망 스타트업 대표들이 주축을 이룬다. 입학 조건도 까다롭다. 창업 3년 이상, 연 매출 3000만 위안 이상, 직원 30명 이상, 과거 3년간 납세완납증명서, 3명의 추천인이 필요하다. 마윈이 후판대학을 이야기할 때 항상 강조하는 말이 있다. "후판대학은 돈 버는 방법을 가르치는 곳이 아니다. 기업가 정신을 기르고 올바른 가치를 창조하는 방법을 가르치는 곳이다."

비즈니스를 제대로 배워보겠다는 마음으로 다이웨핑은 2015년, 후판대학 1기생으로 들어갔다. 그는 후판대학에서 기업가가 갖춰야 할 가장 중요한 마인드 두 가지를 배웠다고 한 인터뷰에서 밝힌 바 있다. 하나는 창업한 회사를 오랫동안 지속시키는 것의 중요성이다. 기업가는 사업을 빨리 크게 성장시키는 것이 아니라 오래 지속할 수 있는 회사를 만드는 데 집중해야 한다는 점을 배웠다.

마윈은 2009년 창립 10주년 기념식에서 알리바바를 102년 이상 존속하는 기업으로 만들겠다고 공언했다. 1999년 설립된 알리바바가 102년 후면 2101년이다. 즉 20세기에 창업해, 21세기를 지나 22세기까지 지속되어 3세기를 살아남는 기업을 만들겠다는 것이다. 마윈은 10~20퍼센트씩 성장하는 기업이 오래간다고 생각하지 않는다. 오히려 주주들의 이익을 위해 경영

성과만 올리려고 애쓰는 기업은 오래가지 못한다는 것이다. 오래 살아남는 기업이 되려면 혁신적인 사고와 실천이 필요하고, 새로운 가치를 창조할 수 있어야 한다. 마윈은 멀리 내다보고 건강하게 성장해 글로벌 스탠더드가 되어야 한다고 강조한다.

후판대학에서 다이웨핑이 배운 또 다른 하나는 사명감이다. 어떤 가치를 가지고 살아야 하고, 어떤 마음으로 기업활동에 임해야 하며, 사회문제를 어떻게 해결해야 할 것인가에 대해 고민하는 시간이었다.

마윈은 사명감으로 처음 사업을 시작했다. 사회적 약자였던 마윈은 어려움에 처한 중소기업을 살리겠다는 사명감을 가지고 알리바바를 설립했다. 1999년 그가 알리바바를 설립할 당시 중국은 세계의 공장이라 불렸다. 마윈은 단순 제조업을 운영하는 중소업체들을 위해 해외시장에 판로를 개척할 수 있도록 직거래 플랫폼을 만들었다. 중소기업이 잘 살도록 만드는 것, 이것은 지금도 변함없이 알리바바가 추구하는 가장 중요한 기업 가치이자 사명감이다. 사명감은 기업가가 기업활동을 하는 이유이자 기업이 존재하는 이유다. 사명감이 없으면 직원과 기업은 돈을 버는 기계에 불과하다. 사명감은 기업 발전의 원동력이다. 사명감이 없으면 위기상황이 왔을 때 무너지기 쉽다.

다이웨핑은 국가를 대표하는 세계적인 화장품 브랜드를 만들겠다는 사명감을 가지고 있다. 그가 화장품 사업에 뛰어들 때만 해도 외국 브랜드들이 중국 시장을 장악하고 있었다. 외국 브랜드들이 중국 시장에 진입할 때에는 백화점 유통에 집중했다. 그런데 온라인 거래의 폭발적 증가와 대형 쇼핑몰 중심으로 소비자들이 옮겨가면서 중국의 백화점들은 2012년 무렵부터 점점 어려워지고 있다. 백화점이 침체기에 접어들면서 외국 화장품 브랜드들도 함께 타격을 받았다. 전자상거래가 활성화되면서 위니팡과 같은 새로운 브랜드가 탄생하는 반면, 기존에 중국 화장품시장을 장악했던 외국 브랜드의 점유율은 낮아지는 추세다.

60세 이전에 세계 톱 텐 브랜드를 만들겠다는 목표도 구체적이다. 그는 중국의 경제적 부상에 따른 화장품 소비시장의 확대, 중국 소비자에 대한 우세한 장악력, 창업자가 CEO인 경우 단기 성과가 아닌 장기적 이익을 고려한다는 점, 그리고 자신이 겨우 30대 중반의 젊은이라는 점 등을 들어 향후 30년 동안 열심히 일한다면 세계적인 화장품 브랜드를 만들 수 있다고 확신하고 있다.

사실 중국은 세계 최대 소비시장으로 성장하고 있는 중이다. 특히 화장품을 비롯한 중국인의 명품 구매력은 세계 억만장자 순위를 바꾸어놓을 만큼 강력하다. 한국 화장품 브랜드인 '후'는 단일 브랜드로 연매출 2조 원 달성이라는 대기록을 세웠는데, 이는 중국인들의 소비력에 힘입은 결과다. 2019년 7월 블룸버그 억만장자 지수에 따르면 프랑스 루이비통모에헤네시LVMH의 베르나르 아르노 회장은 마이크로소프트 창업자인 빌 게이츠를 제치고 세계 부호 순위 2위에 올랐는데, 역시 중국인들의 소비력 때문이라는 평가다. 세계 명품 소비의 3분의 1을 차지하는 중국의 소비력이 계속 증가하면서 LVMH의 주가 역시 폭등한 결과다.

중국은 세계 최대 화장품 소비시장으로 부상하고 있다. 14억 인구의 탄탄한 소비시장을 발판으로 해외시장에 진출한다면 다이웨펑이 30년 내에 세계적인 화장품 브랜드를 만드는 것도 무리한 목표는 아닐지 모른다.

귀담아들을수록
얻는 게 많다

다이웨펑의 또 다른 롤모델은 샤오미를 설립한 레이쥔이다. 샤오미는 '대륙의 실수'라는 수식어로 우리에게 알려져 있다. 샤오미 제품이 나오기 전까지 중국은 저가의 모방 제품을 만드는 '짝퉁 천국' 정도로 인식되었다. 그런데 샤오미는 중국 제품답지 않게 가격 대비 성능이 훌륭한 제품을 만들어 세상을 깜짝 놀라게 했다. 스스로 샤오미의 팬인 '미펀'이라고 밝힌 다이웨펑은 '마스크팩 업계의 샤오미가 될 것'이라고 밝힌 바 있다.

2015년 레이쥔이 위자후이(위니팡의 모회사)에 투자해 화제가 되었다. 중국의 대표적인 IT 회사가 화장품 회사에 투자했기 때문이다. 더욱 이목을 끈 것은 10억 위안(약 1700억 원)이라는 큰 금액을 투자했는데 겨우 10퍼센트 미만의 지분을 받고, 이

례적으로 이사직까지 수락했다는 점이었다. 평소 레이쥔은 이사 직함 제의를 많이 받지만 거절해왔다.

다이웨핑은 15분짜리 투자 브리핑 PPT를 준비했다. 레이쥔은 브리핑을 시작한 지 5분 만에 투자를 결정했다. 레이쥔은 화장품이라는 전통산업을 인터넷과 연결했다는 점에 주목했다. 레이쥔뿐 아니라 당시 회사에 투자하겠다고 나서는 곳이 많았고, 회사의 현금 흐름은 안정적이었다. 그런데 다이웨핑이 투자자로 레이쥔을 선택한 것은 그의 경험과 지혜를 얻기 위해서였다.

흔히 성공한 사람들은 자기의 성공방식이 늘 옳다고 믿는다. 다른 사람의 조언은 귀담아듣지 않으려는 경향이 있다. 이미 성공해봤기 때문에 내 분야에 대해 나보다 더 잘 아는 사람은 없다고 생각한다. 그러나 다이웨핑은 자만하지 않았다. 아직 부족한 점도 많고 배워야 할 점도 많다고 생각했다. 이처럼 항상 배우려는 자세가 그를 더 큰 사람으로 성장시켰다.

다이웨핑은 레이쥔과 나눈 대화 중 세 마디에 큰 깨달음을 얻었다고 한다. 첫째, 레이쥔은 "인터넷 기업이 매년 100퍼센트 이하로 성장하는 것은 불합격이다."라고 말했다. 다이웨핑은 그동안 회사 성장률이 50~80퍼센트면 아주 만족했다. 업계에서 선두자리를 유지하기에 충분한 성장률이기 때문이다. 그 이상을 초월하는 목표를 세워본 적도 없고 그런 목표를 세워야 한다는 생각조차 해본 적이 없었다. 레이쥔의 말은 2등의 목표는 1등이지만, 1등의 목표가 1등이 되어서는 안 된다는 뜻이다. 자신의 한계를 뛰어넘는 것이 목표가 되어야 한다.

둘째, 레이쥔은 "어떤 제품을 만들 때 세계 제일인지 생각해 봐야 한다. 아주 작은 세부적인 부분까지도 세계 최고여야 한다."라며 보이지 않는 곳까지 품질에 신경 써야 한다고 강조했다. 다이웨핑은 위니팡이 중국 내 마스크팩 중 우수한 품질을 갖췄다는 데 자부심을 가지고 있었다. 그러나 세계 최고의 자리까지 올라간다는 것은 생각해본 적이 없었다. 제품이 제대로 정립되지 않은 채 마케팅의 유혹에 빠지면 단기적 수익은 올릴 수 있지만 장기적으로 계속해서 성장하는 것은 불가능하다. 그는 레이쥔을 통해 제품의 품질과 스타일뿐 아니라 눈에 보이지 않는 세부적인 부분까지도 완벽해야 한다는 것을 배웠다. 회사가 장기적으로 존속하려면 제품을 완벽하게 만드는 것이 필수라는 것도 깨달았다.

셋째, 홍콩상장이 좋을지 아니면 중국 국내 상장이 좋을지에 대해 묻자, 레이쥔은 "상장? 당신은 아직 젊다. 상장을 생각할 때가 아니다. 향후 이 산업 규모가 어느 정도 될지, 그리고 산업을 변화시킬 수 있는 역량은 무엇인지 고민하는 것이 먼저다."라고 말했다. 다이웨핑은 화장품 산업에 대해 보다 멀리 내다보고 있지 않음을 반성했다.

다이웨핑은 성공한 사업가로 불리지만 배움을 게을리하지 않는다. 후판대학에서 경영 마인드를 배우고 레이쥔의 경험과 지혜를 구한 것은 이미 부자가 된 이후였다. 그는 사업에 있어서는 도전적이지만 배움 앞에서는 늘 겸손한 자세를 가지고 있다. 성공한 사람일수록 타인의 경험과 지혜를 배우기를 거부하는 경향이 있다. 그러나 더 큰 부자가 되기 위해서는 타인의 경험과 지혜를 나의 것으로 만드는 자세가 필요하다.

▌ 난관을 자신의 부로
▌ 바꾸는 것이 진짜 능력이다

한 인터뷰에서 기자가 다이웨펑에게 어려움을 겪은 적이 있느냐고 질문한 적이 있다. 짧은 시간에 연간 1억 개의 마스크팩 판매라는 성공신화를 만들어냈기 때문에 별 어려움 없이 승승장구했을 것이라고 생각하는 사람들도 있다. 그러나 그는 "매일 어려운 상황에 직면합니다. 매일 처음 접해보는 문제들이 발생하고, 해결할 수 없는 일들도 발생하지요. 그런데 창업자는 매번 선택해야 하고, 문제를 해결해야 합니다. 그것이 창업자의 능력입니다. 창업자의 진정한 능력은 어려움을 부로 전환시키는 것입니다. 때로는 잘못된 선택을 할 때도 있습니다. 창업자라면 누구나 마찬가지입니다. 알리바바의 마윈이나 텐센트의 마화텅도 잘못된 선택을 경험했을 것입니다. 그러나 이런 실수들이 이후에 큰 성공을 가져오는 밑거름이 됩니다."라고 대답했다.

스타트업을 하는 청년들에게는 사업하면서 겪는 매 순간이 처음이다. 그리고 누구나 잘못된 선택과 실패를 경험한다. 그러나 성공한 사람과 그렇지 못한 사람 사이에는 차이가 있다. 성공한 사람은 실패했다고 주저앉지 않는다. 문제점을 분석하여 같은 실수를 반복하지 않으려고 노력한다. 오히려 이를 발판으로 한 단계 성장하여 앞으로 나아간다.

포기에 대해 생각해본 적이 있느냐는 질문을 받은 적도 있다. 다이웨펑은 "모든 창업자들이 포기를 무수히 생각할 것입니다. 포기를 100번 생각한다고 하면, 101번째는 그래도 계속해보자고 다짐할 뿐이지요."라고 대답했다.

누구나 포기하고 싶은 순간이 있다. 포기의 순간을 넘기느냐 넘기지 못하느냐에 따라 인생이 바뀌기도 한다. 다이웨펑이 회사를 인수한 지 2년 정도 되었을 무렵 회사 운영에 지쳐 회사를 팔려고 마음먹은 적이 있다. 그런데 회사 인수 비용 타협이 실패로 돌아가자 어쩔 수 없이 회사 매각을 포기했다. 만약 그가 포기의 순간을 인내하지 못하고 낮은 가격에 회사를 매각했더라면 오늘날 그는 부자의 대열에 끼지 못했을지도 모른다.

모두 부자가 되고 싶어 하지만, 힘든 과정은 겪고 싶어 하지 않는다. 그러나 금수저가 아닌 이상 아무런 역경 없이 부자가 된 사람은 없다.

다이웨펑 戴躍鋒

1982년	후난성 출생
1999년	후난사범대학 입학
2003~2005년	후난상학원 근무
2005년	온라인 중고판매 창업
2006년	위니팡御泥坊 온라인 판매대리권 획득
2008년	위니팡 인수
2011년	위자후이御家匯 설립
2012년	《포브스》'중국 30세 이하 창업자 30인' 선정
2015년	후판대학 입학

제3장

중국의 교육열에서 기회를 찾은 장방신

하오웨이라이 창업자

연간 1000만 명이 대학입시를 보는 중국에서 사교육 시장의 열기는 뜨겁다. 100조 원이 넘는 사교육 시장을 장악해 중국 교육업계에서 최고의 부자가 된 장방신張邦鑫은 지독한 가난 때문에 부자가 되었다. 흙수저 중에서도 가장 흙수저 출신이라고 할 수 있는 그는 작은 공부방으로 시작하여 현재 중국 최대 교육기관인 하오웨이라이好未來를 만들었다.

맹모삼천지교의 나라 중국에서 하오웨이라이는 현재 온라인에서 3600만 명, 55개 도시 오프라인에서 450만 명의 회원을 교육시키고 있으며, 3만 3000명의 직원을 둔 거대 기업으로 성장했다. 2010년 뉴욕증시 상장 이후 2019년 9월 27일 현재 시가총액 약 199억 달러(약 24조 원)에 달하는 하오웨이라이

를 운영 중인 장방신은 2019년 《포브스》가 선정한 '세계 억만
장자 순위 303위'에 오르기도 했다.

가난 때문에
강해지다

농촌 출신인 장방신은 농촌 가정 중에서도 특히 가난했다. 밥
한번 배불리 먹는 것이 소원일 정도로 지독한 가난에 시달렸
다. 부모님은 아파도 돈이 없어 제대로 치료를 못 받았다. 일을
못 할 때는 돈을 빌려 근근이 생활했는데, 그 액수가 눈덩이처
럼 불어나 감당할 수 없을 만큼 커졌다. 가족은 이웃들로부터
무시당하기 일쑤였다.

　알리바바의 마윈과 같은 IT 창업 신화가 나오기 전까지만
해도 중국 농촌에서 성공할 수 있는 유일한 방법은 공부를 잘
해 명문대학에 입학하는 것이었다. 명문대학을 졸업해 도시에
자리 잡는 것만이 가난한 농촌을 떠날 수 있는 유일한 탈출구
이자 출세의 첫걸음이었다.

　그의 부모는 아무리 고생스러워도 자식에게만큼은 가난을
대물림하고 싶지 않았다. 당시 농촌에서는 대학에 가지 않으
면 평생 농사짓는 것 외에 선택의 여지가 없었다. 아들 대에서
가난의 고리를 끊으려면 아들을 대학에 보내야 했다. 다행히
장방신은 공부를 잘했다. 초중고교 시절 수학올림피아드 대회

에서 100개가 넘는 상을 받을 정도로 수학에 두각을 나타냈다. 고등학교 때는 선생님이 풀지 못하는 기하학 문제를 3분 만에 풀 정도로 수학 실력이 뛰어났다. 똑똑한 아들에게 기대가 컸던 부모는 아들이 열심히 공부해 좋은 대학에 갈 수 있도록 독려했다.

아무리 물질적으로 가난해도 자식의 교육까지 빈곤해서는 안 된다고 생각한 그의 부모는 아들에게 책을 사주기 위해 밥을 굶는 일도 많았다. 어머니는 어렵게 농사지은 식량을 팔아 겨우 돈을 마련하여 읍내 길거리에서 판매하는 헌책을 사주었다. 당시 중국에는 버려진 헌책을 주워다가 사람들이 지나다니는 길목 땅바닥에 늘어놓고 판매하는 사람들이 있었다. 이동식 헌책방인 셈이다. 헌책을 사 들고 오는 어머니의 모습을 보고 동네 사람들은 수군거렸다. 입에 풀칠도 못 하면서 책을 사준다고 손가락질했다. 그러나 어머니는 아랑곳하지 않았다. 아들만큼은 농촌을 떠나 가난의 굴레에서 벗어나게 하고 싶었다. 그런 간절함은 주변의 따가운 시선과 조롱도 견딜 수 있게 했다.

가난에서 오는 불안과 절박함은 장방신을 성장시키는 동력이 되었다. 쓰촨대학에 입학한 첫날, 대학원은 반드시 중국 최고의 대학인 베이징대학에 가고야 말겠다는 목표를 세웠다. 일류대학이 출세를 보장한다고 생각하는 부모의 기대에 부응하기 위해서였다. 그리고 가난하다고 멸시하던 동네 사람들에게 보란 듯이 중국 최고의 명문대학인 베이징대학에 입학해 부모님의 자랑거리가 되고 싶은 마음도 컸다.

대학 졸업 후 치열한 경쟁을 뚫고 베이징대학 생명과학원 석사과정에 합격한 그는 기차를 타고 홀로 베이징으로 향했다. 1박 2일이 걸리는 장거리 기차여행이었지만 돈이 없어 침대칸 표를 사지 못했다. 꼬박 40시간을 비좁은 의자 하나에 몸을 기댄 채 가면서 장방신은 결심했다. 절대 집에 손을 벌리지 않겠다고. 당장 주머니에는 단돈 몇 만 원이 전부였다. 그러나 학비도 부모님이 이리저리 돈을 빌려 어렵게 납부했던 터라 생활비와 앞으로의 학비는 스스로 해결해야 한다고 다짐하고 또 다짐했다.

가난에서 벗어나기 위해 명문대학에 입학했지만, 그의 삶은 여전히 가난하고 고단했다. 그러나 늘 새로운 각오를 다지며 고난을 이겨내는 강인함을 배우고 있었다.

하찮은 시작은 없다

장방신은 꿈에 그리던 베이징대학에 도착했지만 숨돌릴 여유조차 없었다. 당장 생활비를 벌어야 했다. 전국 최고의 수재들이 모인 곳이라 공부도 만만치 않은데 시간을 쪼개어 일곱 가지 아르바이트를 동시에 병행했다. 가정방문 개인과외를 세 개 시작했고, 두 개의 학원에서 시간강사로 일했다. 인터넷을 통해 학생들이 질문하면 답해주는 온라인 문답과외를 했고, 웹사이트 개발에도 참여했다. 공통점은 모두 교육과 관련된 아르바이트였다는 점이다. 가난을 버티기 위해 시작한 아르바이트였지만, 사교육 현장을 누구보다 잘 들여다볼 수 있는 계기가 되었다.

다른 친구들은 학과 공부 외에 유학 준비 또는 취업 준비를 했다. 그러면서도 달콤한 연애를 하며 대학 캠퍼스의 낭만을 즐겼다. 그러나 장방신에게 그런 것들은 모두 사치였다. 오로지 돈을 벌기 위해 아르바이트로 정신없는 나날을 보냈다. 낮에는 학교 수업을 받으면서 가정교사와 학원 강사로 이리저리 뛰어다니고, 밤에는 온라인 아르바이트를 하느라 잠잘 시간조차 없었다. 무리하게 일하느라 반년 만에 7킬로그램 이상의 체중이 빠지기도 했다. 힘들게 번 돈으로 컴퓨터를 사고 꼭 필요한 생활비를 제외한 나머지 돈은 모두 집으로 보내 조금씩 빚을 갚아나갔다.

'아르바이트로 스펙 쌓기'라는 말이 있다. 그러나 취업을 위한 스펙을 넘어 아르바이트를 업으로 발전시켜 성공한 사람도 있다. 세계 최대 패스트푸드 체인인 맥도날드의 CEO였던 찰리 벨은 14세에 호주 시드니의 맥도날드 매장에서 처음 아르바이트를 시작해 43세에 최연소 CEO가 되었고, 맥도날드에서 미국인이 아닌 첫 번째 외국인 CEO가 되어 주목받기도 했다. 맥도날드 매장에서 바닥 닦는 일부터 시작한 그가 미국의 상징인 맥도날드의 최고 경영인이 될 수 있었던 것은 가장 밑

바닥부터 시작했기에 맥도날드의 시스템에 대해 누구보다 잘 알고 있었기 때문이다. 그리고 소비자와 가장 가까운 거리에서 일하면서 소비자에게 필요한 메뉴와 서비스가 무엇인지 가장 잘 관찰할 수 있었다.

호주에서 시작된 맥카페는 소비자를 잘 관찰한 결과 만들어진 찰리 벨의 작품이다. 아이들에게 해피밀을 시켜주고 딱히 먹을 것이 없는 여피족(전문직에 종사하며 고소득을 올리는 젊은 부유층) 엄마들을 보고 카푸치노, 에스프레소 등 고급 이탈리아 커피와 고급 제과류를 판매하기 시작한 것이 맥카페의 시작이었다. 이 아이디어는 그가 승진하는 데 큰 역할을 했다.

로레알이 중국시장을 겨냥해서 약 6000억 원에 인수해 화제가 되었던 '스타일난다'를 창업한 한국의 김소희 전 대표 역시 아르바이트를 본인의 업으로 전환해 부자가 되었다. 처음에는 속옷 장사를 하던 어머니를 도와 용돈을 벌었다. 인터넷 쇼핑몰이 활기를 띠기 시작할 무렵이었다. 어머니가 판매하던 잠옷을 본인이 좋아하는 스타일대로 사진 찍어 인터넷 쇼핑몰에 올렸는데, 반응이 좋았다. 그리고 그녀가 동대문시장에서 골라 사진 찍어 올리는 제품마다 품절되는 사태가 벌어졌다. 대부분의 온라인 의류 사이트가 평범한 옷을 판매하는 것과 달리, 톡톡 튀는 개성 있는 의류를 원하는 소비자가 의외로 많았던 것이다. 그녀는 이 기회를 놓치지 않았다. 개성을 추구하는 젊은 여성 소비자를 겨냥해 독특한 디자인의 인터넷 패션몰을 만들었고, 연예인들도 찾을 만큼 대성공을 거두었다. 엄마의 잠옷 파는 일을 돕지 않았다면 그녀는 오늘날 큰 부자가 되지 못했을지도 모를 일이다.

세상에 하찮은 시작은 없다. 용돈벌이로 시작한 아르바이트가 사람의 운명을 바꾸기도 하고, 기회를 포착해 큰 부자가 되기도 한다. 아르바이트생 중에는 매뉴얼대로 주어진 일만 하는 사람도 있고, 일의 전체를 보고 매뉴얼에 없는 일도 책임감 있게 알아서 척척 해내는 사람도 있다. 같은 시간을 일하고 같은 시급을 받지만, 누가 더 많이 배우고 누가 더 많은 기회를 포착할 수 있는지는 자명한 일이다. 시간 때우기 식이 아니라 내가 하는 일에 대해 능동적인 시각을 갖게 될 때 기회도 보이게 된다.

어떤 일을 하든 그 속에서 기회를 발견하려는 노력이 중요하다. 기회를 찾으려는 노력 없이 부자가 된 사람은 없다. 단순히 열심히 하는 것만으로는 부족하다. 기회를 엿볼 줄 알아야 한다. 부자가 된 사람 중에 선택받기를 기다린 사람은 없다. 기회는 주어지는 것이 아니라 능동적으로 스스로 발견하고 적절한 시기에 포착하는 것이다.

장방신도 생계를 유지하기 위해 시작한 아르바이트가 자신의 미래가 될 줄은 꿈에도 생각지 못했지만, 대학원 시절 죽기 살기로 매달린 과외 아르바이트 경험을 통해 교육 시장에 기회가 있음을 감지하고 교육사업에 뛰어들었다. 장방신이 처음으로 사업을 시작한 2003년만 해도 창업은 결코 쉬운 선택이 아니었다. 당시 학생들은 장학금을 받고 유학을 가거나 외국

238

계 기업에 취업하는 것을 선호했다. 요즘은 중국 정부와 대기업이 창업 분위기를 조성하고 성공사례도 많아지면서 스타트업이 활기를 띠고 있지만, 당시 명문대학 출신의 엘리트가 창업을 하는 것은 아주 드문 일이었다. 그러나 그는 학원사업을 선택하는 데 주저함이 없었다. 생계를 유지하기 위해 시작한 아르바이트였지만 교육 관련 일들을 다양하게 경험하면서 학생을 가르치는 노하우도 생겼고, 교육사업에 대한 비전을 직접 확인하는 계기가 되었다.

2003년 베이징대 졸업식에 자랑스러운 동문으로 한 명의 연사가 초청되었는데 바로 교육계의 전설 위민홍이었다. 당시 그는 최고의 학원 재벌이었다. 대학 총장 이름은 몰라도 신둥팡학원의 위민홍을 모르는 사람은 없었다. 신둥팡학원은 유학을 준비하는 학생이라면 반드시 거쳐 가야 하는 필수코스였다. 토플, GRE 등 학원수업을 듣기 위해 학생들이 전국에서 몰려들었다. 연간 학생 수가 20만 명에 달했다. 신둥팡학원은 베이징대 근처에 있었기 때문에 장방신은 학원의 유명세를 직접 눈으로 확인할 수 있었다. 유학을 준비하는 친구들은 누구나 학원 등록 기간이 되면 늦은 밤까지 긴 줄을 서야 했다. 강의실 안은 어깨를 맞대고 앉아야 할 만큼 학생들로 가득 찼다. 학원사업이 돈이 된다는 것을 직접 눈으로 확인한 셈이다.

위민홍이 졸업식 연사로 온다는 소식을 들은 장방신은 한걸음에 강당으로 달려갔다. 그는 연단 아래 앉아 교육계에 한 획을 그은 위민홍을 바라보며 제2의 학원 재벌이 되리라 다짐했다.

입소문은 어떤 마케팅보다 강력하다

현재 중국 최고의 교육기관으로 자리잡은 하오웨이라이는 장방신이 창업한 작은 공부방에서 시작되었다. 처음에는 6제곱미터 남짓한 작은 공간에 낡은 캐비넷이 전부였다. 위민홍이 학원 재벌이 된 것을 보고 베이징대학과 칭화대학을 잇는 도로변 중심으로 이미 10여 개의 학원이 들어서 있었고 나날이 학원이 늘어나면서 경쟁도 치열해졌다. 그 많은 학원 중 작고 허름한 공부방을 찾아오는 사람은 없었다. 자금력이 없는 장방신에게는 힘겨운 도전이었다.

그가 할 수 있는 마케팅이라고는 학원 설명회 전단을 돌리는 것이 전부였다. 돈을 절약하기 위해 직접 전단을 들고 거리로 나섰다. 각 학교를 돌며 교문 앞에서 학부모와 학생들에게 나눠주었다. 그런데 학생을 모집할 수 있는 유일한 기회인 설명회 날 눈보라가 쳤다. 빙판길에 사람들의 발걸음도 끊겼다. 그는 그해 겨울 학생을 한 명도 모집하지 못할 것이라는 좌절감에 빠져 있었다.

그때 복도에서 웅성웅성 사람들의 말소리가 들려왔다. 과외를 했던 한 학생의 아버지가 20여 명의 학부모를 몰고 온 것이다. 장방신은 6학년 학생에게 수학을 가르친 적이 있었는데, 평소 수학 과목에서 60~70점 받던 학생이었다. 그런데 그에게 과외를 받은 후 세 차례 연속으로 100점 만점을 받았다. 평소 그에게 고마움을 가지고 있던 학생의 아버지가 눈보라를 헤치고 20여 명의 학부모를 데리고 온 것이다.

입소문의 힘은 어떤 마케팅보다 강력하다. 중위권 성적의 학생을 최상위권으로 만든 실력 있는 선생님이라는 한마디로 20명의 학생을 순식간에 모집할 수 있었다. 실력을 입증해서 얻은 입소문의 효과였다. 감동한 장방신은 어떤 식으로든 감사에 보답해야 한다고 생각했다. 그리고 학생 모집이 얼마나 어려운지 알고 있었기 때문에 찾아온 학생들을 놓쳐서는 안 된다고 생각했다.

학부모에게 신뢰를 얻는 가장 좋은 방법은 실력 있는 선생님이 되는 것이다. 고3 학생을 과외할 때 두 시간에 70위안을 받고, 한 달이면 수천 위안을 벌었다. 당시 중국 도시 근로자의 평균 월급이 약 1000위안이었다. 과외 아르바이트로 일반 직장인보다 훨씬 많은 돈을 번 것이다. 평소 과외비가 매우 비싸다고 생각한 그는 돈의 가치에 합당한 과외를 해야 한다고 생각했다. 학생을 책임지고 가르치는 것이 중요했다. 시험문제 적중률을 높이고, 교습법을 연구하는 것뿐 아니라 때로는 학생과 친구가 되었다. 선생도 학생의 실력을 향상시키기 위한 종합적인 능력을 갖춰야 한다고 생각했다.

눈보라를 뚫고 찾아온 20명의 학부모에게 그는 몇 가지 파격적인 제안을 했다. 우선 학습효과를 높이기 위해 20명을 두 개의 반으로 나누었다. 수업량은 두 배로 늘었지만 수업료는 올리지 않았다. 그리고 학생과 학부모에게 첫 수업을 무료로 청강할 수 있도록 했다. 정식으로 수업이 시작된 후라도 수업에 불만이 있으면 언제든 학원비를 환불해주겠다고 했다. 당시에는 굉장히 파격적인 조건이었다. 이런 조건은 학부모들의 마음을 사로잡았다. 실력에 대한 자신감이 있었기 때문에 내걸 수 있는 조건이었다. 그동안 쌓아온 과외 아르바이트 노하우가 빛을 발하는 순간이었다.

이때 만들어진 소수정예반, 무료청강, 환불제도의 세 가지 원칙은 지금까지도 지켜오는 운영방침이다. 해마다 환불해줘야 할 금액이 늘어났지만 몇 년 후에는 오히려 사람들이 더 많이 수강하는 계기가 되었다. 학원의 이런 운영방침은 입소문을 탔다. 공부방 규모는 점점 커졌고 학부모들은 밤새워 줄서기 전쟁을 벌였다.

맡은 학생들을 책임지려고 노력하다 보니 장방신은 자연스럽게 최고의 실력을 갖춘 강사, 학부모로부터 신뢰받는 선생님이 되어 있었다.

강해지는 것이
커지는 것보다 중요하다

부자들의 공통된 성공 방정식 중 하나는 한 우물만 팠다는 점이다. 기원전 약 300년 전 맹자도 "우물을 깊게 파도 샘물이 나오는 곳에 이르지 못하면 우물을 포기하는 것과 같다."라는 말로 한 우물 파는 것의 중요성을 강조했다. 세계 최고의 부자인 빌 게이츠와 워렌 버핏도 성공 요인으로 한 우물 파기의 중요성을 꼽는다. 두 사람이 처음 만나는 자리에서 빌 게이츠의 부모는 성공의 핵심 요소가 무엇이냐고 질문했고, 두 사람 모두 종이에 '포커스focus(집중)'라는 같은 단어를 써서 모두 놀랐다는 일화는 유명하다. 성공하기 위해서는 한 가지 목표에 초점을 맞춰 집중적으로 공략해야 한다는 것은 동서양을 막론하고 예나 지금이나 변하지 않는 진리다.

장방신도 샘이 솟을 때까지 한 우물을 팠다. 샘이 솟고 나서야 또 다른 우물을 파기 시작했다.

대학원 시절의 과외 경험을 바탕으로 작은 공부방을 시작했을 때다. 처음에는 오직 수학 한 과목만 집중했다. 학원가에서 수학의 최강자로 자리 잡은 후에 과학 과목을 개설했고, 과학의 최강자로 자리 잡은 후에야 영어 과목을 개설했다. 영어로 1, 2위 학원으로 자리 잡은 후에 중국어 어문 과목을 개설했다. 우물에 샘이 솟는 것을 확인하고 우물터를 단단하게 다진 후에야 비로소 다른 우물을 판 것이다. 동시에 여러 개의 우물을 파면 깊이 팔 수 없다. 한 가지 목표를 향해 전력투구할 때 성공할 확률이 높아진다. 여러 가지 일을 동시에 도전하면 어느 것 하나 집중하지 못해 실패할 확률이 높아진다.

장방신은 학원 규모를 키우는 데는 관심이 없었다. 오로지 하나의 과목에 입소문이 날 만큼 실력을 다지는 데 집중했다. 그 입소문을 통해 한 과목씩 차례로 영향력을 확장시키는 전략을 사용했다. 그러면서 자연스럽게 학원 규모도 커졌다. 학원을 전국적으로 확대할 때도 마찬가지였다. 절대 서두르지 않았다. 아무리 좋은 기회가 있어도 제대로 준비되지 않으면 학원을 확장하지 않았다. 초기에는 대도시에 하나씩만 설립했다. 입소문을 듣고 주변 지역에서 알아서 찾아왔다. 내실을 기하다 보니 학원 규모는 저절로 커졌다.

학원업계의 전설인 위민홍 역시 신둥팡학원 설립 초기 한 우물만 팠다. 다른 학원들이 토플, GRE 등을 모두 가르치는 종합반 형태로 운영할 때, 위민홍은 토플에만 집중했다. 그 결과 전국에서 학생들이 몰려들 만큼 신둥팡은 토플 강좌의 최강자가 되었다. 토플로 명성을 얻은 후에 GRE 반을 개설했다. 그가 처음부터 GRE 반을 개설하지 않은 데는 이유가 있었다. 강사를 교육시켜 스타 강사로 만들어내면 나가서 옆에 똑같은 학원을 차렸기 때문이다. 그래서 모든 강좌를 본인이 직접 강의할 수 있어야 한다는 철칙을 가지고 있었다. 토플 최강 학원으로 완전히 자리 잡은 후에야 GRE 강의 개설을 준비했다. 토플 강사 중 세 명에게 수업을 그만두고 위민홍 본인과 함께 1년 동안 GRE 강의를 준비하도록 시켰다. 1년 동안 급여가 없는 대신 GRE 반이 개설되면 강의료로 토플반의 두 배를 받을 수 있도록 했다. 네 명이 맡은 GRE 강좌는 수강생으로 가득 찼고 3개월 만에 GRE 1위 학원이 되었다. 위민홍은 이런 식으로 강좌를 하나씩 늘려나갔다.

장방신은 강해지는 것이 커지는 것보다 중요하다고 말한다.

강함은 하루아침에 이루어지지 않는다. 한 우물을 판다는 것은 한 분야에 혼신의 힘을 다한다는 것을 뜻한다. 최선을 다해 집중하다 보면 어느 순간 최고가 된다. 그것이 진정한 강함이다. 그렇다면 왜 강해져야 할까? 강하다는 것은 남들이 인정하는 실력이 있다는 뜻이고, 그 실력은 위기를 극복할 수 있는 힘이 된다. 무엇보다 치열한 경쟁 속에서 강한 자만이 살아남을 수 있기 때문이다.

이처럼 장방신의 가치관은 지극히 실용적이다. 그는 항상 "강해지는 것이 커지는 것보다 중요하고, 질적인 것이 양적인 것보다 중요하며, 내실을 기하는 것이 외형적인 것보다 중요하고, 실천하는 것이 말하는 것보다 중요하며, 숫자가 경험보다 중요하다."라고 강조한다. 이런 실용적인 마인드가 그를 부자로 만들었다.

위기에서
기회를 찾다

배움이 사람을 가난에서 벗어나게 한다는 것, 그래서 교육사업이 가치가 있다는 것을 장방신은 어릴 적 자신의 경험을 통해 스스로 체득했다. 그가 오로지 교육사업에만 전념한 이유이기도 하다. IT 기업에 투자도 했지만 모두 교육사업에 접목시키기 위해서였다. 그러나 교육이라는 한 우물을 판다고 해서 우물 안 개구리가 되어서는 안 된다. 교육사업도 트렌드를 선도하는 사람이 앞서 나간다.

공부방을 처음 시작한 2003년은 학원사업을 하기에 좋은 환경이 아니었다. 중국인 모두에게 악몽의 해였다. 중증급성호흡기증후군 사스가 중국 전역을 강타하면서 5000명 이상의 감염자가 발생했고, 약 350명이 사망했다. 당시 정부는 학교에 휴교령을 내리고, 회사들은 직원들에게 재택근무를 지시했다. 사람들은 바깥출입을 꺼렸다. 학원에서는 환불 사태가 벌어졌다. 외부인이 집에 들어오는 것도 달갑지 않았다. 가정방문 과외도 끊어질 지경이었다.

악몽의 시간 속에서도 장방신은 기회를 엿보았다. 바로 온라인 교육이었다. 발 빠르게 온라인 플랫폼을 개설해 사라질 위기에 처한 소그룹 과외를 이어나갔다. 수학올림피아드 온라인 사이트도 개설했다. 무서운 전염병 사스가 오히려 온라인 교육을 촉발시키는 계기가 된 것이다. 그는 이 경험을 통해 온라인 교육의 가능성을 누구보다 빠르게 포착했다.

입소문은 났지만 금전적 위기도 있었다. 경쟁학원에서 다섯 명의 강사를 한꺼번에 빼가면서 수업에 차질을 빚었던 적도 있다. 은행 대출금이 많았던 터라 떠나는 사람을 붙잡을 만큼 급여를 충분히 높여줄 수도 없었다. 아무리 만류해도 모두 떠나버렸다. 그러나 장방신은 포기하지 않았다. 당시 중국은 경제 성장과 함께 중산층이 폭발적으로 증가하고 교육열도 높아지고 있었기 때문이다. 사교육시장의 성장 가능성을 아르바이트 경험을 통해 일찍이 간파한 그는 이를 악물고 어려움을 버텨냈다.

그의 예상은 적중했다. 사교육시장은 급성장했다. 중국의 교육열은 한국을 닮았다. 한국의 잘못된 교육 현실을 비판한 드라마 〈SKY캐슬〉은 중국에서도 폭발적인 인기를 끌었다. 입시 지옥과 치열한 사교육 전쟁이 공감대를 형성했기 때문이다. 중국에도 강남 8학군이 있다. 뒷골목 쪽방 한 칸이 강남 아파트 집 한 채 가격에 매매되기도 한다. 현대판 맹모삼천지교 현상도 발생하고 있다. 좋은 학교를 보내기 위해 여러 차례의 이사도 감수한다. 월 수백만 원의 사교육비 지출도 마다하지 않는다. 자녀를 소황제로 여기는 중국 부모들은 사교육비에 들어가는 돈을 아까워하지 않는다.

이런 중국 학부모들의 교육열을 알고 있는 장방신은 위기 상황에서도 포기하지 않고 학원사업을 온오프라인 모두에서 꾸준히 밀고 나갔다. 결국 중국 사교육시장의 투자가치를 본 벤처 캐피털로부터 투자를 받아 자금문제를 해결했다. 그는 여기서 멈추지 않았다. IT 인터넷 기술을 활용한 교육업체를 표방하고, 교육 대상을 전국적으로 확대하며 엄청난 성공을 거두었다. 위민홍도 신둥팡학원이 하지 못한 일을 장방신이 해냈다며 그를 인정했다. 인터넷 기반의 교육사업에서 장방신이 한발 앞선다고 평가한 것이다. 학원업계 최고의 재벌도 위민홍에서 장방신으로 바뀌었다.

특히 1980년생인 장방신을 따라갈 수 없는 부분은 첨단기술을 접목한 교육 분야다. 장방신은 첨단기술을 이용해 학습 효과를 극대화했다. 학원 강의실에 인공지능 카메라를 설치해 학생들의 모습을 실시간으로 모니터링하는 것이다. 수업할 때의 표정, 자세, 태도 등을 과학적으로 분석한 객관적 데이터를 바탕으로 효과적 학습 솔루션을 제공하기 위해서다.

맨손으로 시작해 중국 최대 교육기업을 일궈 부자가 될 수 있었던 이유는 끊임없는 변화와 혁신 때문이다. 개인과외에서 작은 공부방으로, 오프라인에서 온라인 강의로, 인터넷 교육에서 인공지능을 활용한 첨단 교육까지 장방신은 끊임없이 변화와 혁신을 추구했다. 특히 혁신 없이는 생존하기 어렵다는 4차 산업혁명 시대에도 발 빠르게 움직이며 교육업계 1위 기업을 만들었다.

중국도 한국과 마찬가지로 개천에서 용이 나오는 시대는 끝났다고 말한다. 사교육에 돈을 투자한 만큼 좋은 학교에 가고 좋은 직장에 취업할 수 있다고 믿는다. 농촌의 가난 속에서 성장한 장방신은 농촌이든 도시든, 가난하든 부유하든 학생들은 모두 동등한 교육을 받아야 한다고 주장한다. 그는 지금도 온라인과 첨단기술이 교육의 불평등을 해소할 것으로 믿고, 모든 학생들에게 양질의 교육을 제공하여 교육 격차를 줄이는 것이 자신이 해야 할 일이라고 생각하고 있다.

장방신 張邦鑫

1980년	장쑤성 출생
1998년	쓰촨대학 생명과학과 입학
2002년	베이징대학 생명과학학원 석사 입학
2003년	공부방 쉐얼쓰(하오웨이라이의 전신) 창업
2010년	미국 뉴욕증시 상장
2013년	하오웨이라이(TAL)로 기업명 변경
2017년	후룬연구소 '80년대 출생자 중 부호' 1위
2018년	후룬연구소 '중국 부자' 68위
2019년	《포브스》 '세계 억만장자' 303위

세계를 체험하게 만든 여행 설계자, 에릭 녹 파

클룩 창업자

연간 1조 원의 거래가 이루어지는 액티비티 여행 예약 플랫폼이 있다. 바로 2014년 홍콩에 설립된 스타트업 클룩Klook이다. 클룩의 창업자 에릭 녹 파Eric Gnock Fah는 당시 나이가 25세에 불과했다.

화교 출신인 에릭 녹 파는 홍콩에서 처음 사업을 시작해 현재는 아시아 시장을 장악한 데 이어 유럽과 북미 시장까지 그 영향력을 빠르게 확대하고 있다. 패키지 관광에서 체험 중심의 자유여행으로 여행의 트렌드가 바뀌면서 그 성장세는 무서울 정도다. 현재 클룩은 전 세계 350개 도시의 관광명소에 액티비티 관련 10만 개 이상의 상품을 판매하고 있다.

특히 여행시장의 규모가 커지고 있는 중국에서 국내여행과 해외여행 모두에 클룩은 중국을 세계와 연결시키는 브릿지 역할을 하며 짧은 시간에 중국 전역으로 시장을 확대하고 있다.

에릭 녹 파는 2017년《포브스》가 발표한 '아시아 유망 기업인 30세 이하 30인'으로 선정되었으며, 설립 4년 만인 2018년 연간 거래 1조 원을 돌파한 클룩은 세계 여행산업의 판도를 바꾸고 있다.

언더독 정신으로 승자가 되다

에릭 녹 파는 늘 아웃사이더였다. 그는 아프리카 모리셔스에서 태어난 화교 출신이다. 모리셔스는 아프리카 대륙 남동쪽 인도양에 있는 작은 섬나라다. 인도계가 약 70퍼센트인 데 비해 중국계는 3퍼센트에 불과하다. 그는 어려서부터 큰 목소리를 내기 어려운 소수민족으로 살았다.

영국령이었던 모리셔스에서 영국식 교육을 받은 친구들 대부분은 영국으로 유학을 갔다. 그러나 그는 홀로 미국 펜실베니아의 작은 대학인 프랭클린앤드마셜 칼리지를 선택했다. 펜실베니아 인구의 85퍼센트 이상이 백인이다. 모리셔스 화교 출신의 청년은 그곳에서 더욱 아웃사이더였다. 2학년 때부터 닥치는 대로 인턴 생활을 했다. 아웃사이더를 탈피하고 싶은 욕구가 컸다. 대학 졸업 후 첫 직장으로 홍콩에서 세계적 투자은행인 모건 스탠리를 선택한 것도 그런 이유였다. 좋은 직장에서 돈을 많이 벌어 주류 사회에 끼고 싶었다.

늘 아웃사이더였던 그는 인터뷰 때마다 '언더독underdog' 정신으로 살아왔음을 고백한다. '언더독'은 이기거나 성공할 가능성이 적은 약자를 뜻한다. 19세기 미국 투견장에서 승리한 개는 주로 위에 있어서 탑독top dog라 하고, 패배한 개는 아래에 누워 있어서 언더독이라고 부른 데서 유래했다. 그러나 언더독도 승자가 될 수 있다. 새총과 돌멩이 하나로 갑옷과 무기로 중무장한 힘센 거인 골리앗과 싸워 이긴 양치기 소년 다윗이 대표적이다. 다윗은 골리앗의 이마에 총알처럼 빠른 돌을 날려 기절시킨 후 달려가 목을 베어 싸움에서 이겼다. 힘도 권력도 없는 약자지만 강자가 만들어놓은 싸움의 규칙을 자기 식대로 바꾸어 성공한 것이다.

스티브 잡스 역시 언더독 정신을 강조한 바 있다. 1983년 맥 개발팀을 이끌던 스티브 잡스는 "해군이 되는 것보다 해적이 되는 것이 낫다It's better to be a pirate than join the navy."라며 개발자들의 도전정신을 자극했다. 해적기도 만들었다. 검은색 바탕에 해골을 그리고, 한쪽 눈에는 무지개색 애플 로고 모양의 안대가 그려졌다. 당시는 IBM이 PC 업계를 평정하고 있었다. 해군에 해당하는 IBM을 이길 수 있는 방법은 기존의 고정관념을 깨고 새로운 판을 짜는 것뿐이었다. 그래서 스티브 잡스는 해적이 되기로 마음먹었다. 해군은 기존의 것을 지키는 데 집중하지만, 해적은 남들과 다르게 생각하고 새로운 모험을 두려워하지 않기 때문이다. 기존의 형식을 타파하고 새로운 혁신을 창조하기 위해서는 해적의 개척정신이 필요했다. 그 결과 탄생한 것이 매킨토시다. 매킨토시는 기존 컴퓨터와는 완전히 다른 새로운 컴퓨터라는 평가를 받았다.

강자가 약자를 삼키고, 승자가 독식하는 세상이다. 그런 세상에서 에릭 녹 파는 소수민족도 잘 살 수 있고, 명문대학을 나오지 않아도 세계 최고의 기업에 들어갈 수 있고, 비주류 인생도 성공할 수 있다는 것을 스스로 증명해내고 싶었다. 늘 언더독 정신으로 강한 약자가 되기 위한 삶을 살았다.

진정한 행복을 찾아 나선 도전

에릭 녹 파는 아이비리그 출신도 들어가기 어렵다는 세계적 투자은행에 입사했다. 사회적으로 인정받으며 고액 연봉도 받았다. 홍콩에 집도 샀다. 그러나 그는 전혀 행복하지 않았다.

그러던 중 투자은행에서 일할 때 알게 된 이썬 린Ethan Lin(클룩 공동 창업자)과 네팔에 여행을 가게 되었다. 현지에서 판매하는 관광상품들의 가격이 모두 천차만별이었다. 특히 외국인에게 받는 가격과 현지인에게 받는 가격 차이가 너무 커서 화가 났다. '여행 전에 원하는 상품의 가격을 미리 확인하고 예약까지 할 수 있으면 얼마나 좋을까?' 하는 생각을 하게 되었다. 이런 생각이 창업의 계기가 되었다. 'Klook'이라는 회사명도 '계속 찾아본다'는 의미의 'Keep Looking'의 줄임말이다.

그는 성취감을 느끼고 싶었다. 돈을 아무리 많이 받아도 PPT에 그럴싸한 스토리를 끼워 넣어 투자를 유치하는 일에서는 행복감을 느낄 수 없었다. 소수자로 성장했던 그는 성취감으로 자신의 정체성을 확인하며 살아왔다. 새로운 일에 도전해보고 싶었다. 네팔 여행에서 불편함을 경험했던 그는 여행업에 도전하기로 했다.

'아프리카의 천국'으로 불리는 관광국가 모리셔스에서 성장한 그가 여행업을 선택한 것은 자연스러운 일이었다. 네덜란드의 침입을 받고, 프랑스와 영국의 식민지 역사를 가진 아프리카의 작은 섬 모리셔스에는 다양한 인종이 산다. 영국 동인도회사가 데려온 인도계 모리셔스인, 아프리카에서 넘어온 크레올인(식민지에서 태어난 백인과 혼혈아), 중국계 모리셔스인, 프랑스계 모리셔스인 등 서로 다른 곳에서 온 사람들이 뿌리를 내린 곳이다. 인종이 다양한 만큼 언어, 종교, 음식 등 문화적 다양성을 가지고 있다.

그는 홍콩이 모리셔스를 닮았다고 말한다. 영국 식민지였던 홍콩은 동서양을 교차하는 허브 기지로 브릿지 역할을 하는 곳이다. 또 관광도시로 일년 내내 많은 여행객들이 찾기 때문에 창업 출발지로 적격이었다. 에릭 녹 파는 홍콩 현지 사업자들과 파트너십을 맺고 체험을 원하는 자유여행객들을 연결해주는 플랫폼으로 사업을 시작했다.

어떤 사람들은 그가 투자회사에 있었던 이력이 사업에 도움이 됐으리라고 생각한다. 그러나 사업 초기 투자를 받기 위해 여러 투자회사에 문을 두드렸지만 문전박대만 당한 에릭 녹파는 그런 말에 고개를 젓는다.

요즘은 신선한 아이디어 하나만으로도 투자를 받을 수 있는 환경이 조성되었지만, 그가 창업할 당시만 해도 그는 매력적인 투자 대상이 아니었다. 사업 경험도 없고 IT 경력도 전무한 그에게 투자하려는 투자회사는 없었다. 그렇다고 포기할 수는 없었다. 결국 전 재산이던 홍콩 아파트를 팔아 창업자금을 마련하여 사업에 뛰어들었다.

누구나 진로를 선택하는 기준은 행복이다. 돈 때문이든 좋아하는 일이기 때문이든 궁극적 목적은 내 삶의 행복을 위해서다. 그러나 일을 하면서 진정으로 행복감을 느끼기란 쉽지 않다. 미국에서 세계 최고 화상회의 솔루션 기업인 줌Zoom을 설립하여 억만장자가 된 중국인 에릭 위안은 자신의 불행했던 직장생활을 경험으로 직원이 행복한 회사를 만들었다. 중국 산둥과학기술대학을 졸업한 그는 1994년 빌 게이츠의 '인터넷과 디지털이 미래를 바꾼다'라는 강연에 감명받고 27세에 무작정 미국으로 향했다. 그러나 여덟 번이나 비자를 거절당했다. 마냥 행복할 줄 알았던 미국에서의 직장생활도 힘겨웠다. 처음엔 영어를 못해 소외감을 느꼈고, 많은 업무량에 힘든 나날을 보냈다. 세계적 소프트웨어회사 시스코 웹액스 부문 부사장 자리까지 오를 정도로 미국에서 실력을 인정받았지만, 행복하지 않았다. 에릭 위안은 직원과 고객 모두 행복한 회사를 만들고 싶었다.

그가 설립한 회사 줌에는 직원의 행복을 전담하는 팀인 '해피크루Happy Crew'가 있다. 1200명의 직원 모두가 행복할 수 있도록 서로 '케어care'하는 기업문화를 구축했다. 에릭 위안은 글로벌 기업 평가 사이트인 글래스도어에서 99퍼센트라는 직원들의 절대적 지지를 받으며 2018년 최고의 CEO로 선정되기도 했다. 줌은 가족 같은 기업문화를 기반으로 2019년 나스닥에 상장하자마자 시가총액 159억 달러의 회사가 되었다.

에릭 녹 파와 에릭 위안 두 사람 모두 낯선 곳에서 이방인으로서 남들이 부러워할 만큼 안정된 생활을 누렸다. 그러나 행복하지 않았다. 진정한 행복을 찾기 위해 가진 것을 모두 걸고 도전에 나섰고, 지금은 그들이 꿈꿨던 행복한 삶을 살고 있다.

무지해서
성공하다

업계에 대해 전혀 모르기 때문에 성공한 사업가들이 있다. 알리바바의 마윈이 대표적이다. 마윈은 '3무無 성공 비결'에 대해 이야기한 적이 있다. 즉, 돈, 기술, 계획의 세 가지가 없었기 때문에 성공했다는 것이다. 사업자금이 부족했기 때문에 돈을 아끼며 머리를 더 많이 썼고, 기술을 몰랐기 때문에 자신처럼 무지한 사람도 쉽게 사용할 수 있는 서비스를 만들어달라고 엔지니어에게 요구했고 자신 역시 그들의 말에 귀 기울여 협력할 수 있었으며, 틀에 박힌 계획 대신 변화를 도모했기에 성공했다는 뜻이다. 마윈은 특히 '변화'를 강조했다. 급변하는 세상에 계획은 무의미하며 최고의 비즈니스 플랜은 '지속적인 변화keep changing'라는 것이다.

클룩을 만든 에릭 녹 파도 성공 요인 중 하나로 여행과 IT 기술에 문외한이었다는 점을 꼽는다. 여행업을 모르기에 여행하는 소비자 관점에서 불편한 점을 개선하다 보니 성공할 수 있었다는 말이다. 그래서 클룩은 사용자 경험, 고객 서비스에 이르기까지 모두 소비자가 좋아하는 상품을 만드는 데 중점을 둔다.

젊은 세대는 모바일 중심의 자유여행을 즐긴다. 스마트폰 하나만 있으면 항공, 숙박, 식사, 체험을 모두 해결할 수 있다. 트래블 테크 붐과 함께 깃발 든 관광 가이드를 따라 다니는 수동적 패키지 관광에서 내가 하고 싶은 체험만 골라서 하는 능동적 자유여행으로 트렌드가 바뀌고 있는 것이다. 그는 스마트폰 앱 하나만 있으면 체험, 교통, 식사 예약, 와이파이, 환율, 택시까지 여행에 불편함이 없도록 하는 데 사업의 초점을 두었다.

젊은 세대는 편리하고 빠르고 단순한 것을 좋아한다. 그래서 클룩은 직거래로 저렴한 할인티켓을 구매하고, 줄을 서서 기다리지 않고, 환전의 불편함을 없애고, 여행계획의 복잡성을 최소화하는 데 집중했다. 모든 서비스를 여행자 입장에서 단순, 편리, 신속에 맞춘 것이다.

사업 초기부터 지금까지 에릭 녹 파가 가장 신경을 많이 쓰는 것은 소비자의 목소리다. 그래서 소비자의 불만 하나하나에 충실하게 귀 기울인다. 서비스의 퀄리티를 보장하기 위해서다. 직접 체험한 소비자만큼 확실한 감시자는 없다. 소비자 리뷰를 확인하고 부정적 리뷰가 있을 경우에는 담당직원이 직접 실사를 나간다. 파트너사와 관련 내용의 진위를 확인하고 결과에 따라 해당 파트너에게 경고 또는 패널티를 적용한다. 최악의 경우 파트너사를 퇴출시키기도 한다. 고객에게는 별도 채널로 사과와 보상이 함께 들어간다.

서비스의 퀄리티를 보장하기 위한 또 다른 방법으로 머천트 인게이지먼트 팀Merchant-Engagement team을 운영하여, 파트너사를 교육시키고 불시에 방문하여 현장을 점검하는 역할을 한다. 또한 전 세계에 1000명이 넘는 여행 큐레이터들이 손님으로 가장하여 상품을 직접 체험한 뒤, 그 평가에 따라 클룩 액티비티 앱에 반영하기도 한다. 이런 방식들 모두 소비자의 니즈를 파악하기 위한 것들이다.

관광업에, 그리고 IT 기술에 무지했던 그는 소비자의 목소리를 통해 니즈를 파악하고, 문제점을 찾고, 그 문제점을 하나씩 해결하면서 성장했다.

빠른 물고기가
느린 물고기를 잡아먹는다

요즘 사람들은 일과 생활의 균형을 중요시하는 '워라밸work-life balance'을 중시한다. 출장문화도 바뀌고 있다. '블레저Bleisure' 문화가 새롭게 등장했다. 비즈니스business와 레저leisure를 합친 말인 블레저는 해외 출장 중 남는 시간에 여가를 즐기거나 출장 전후로 개인의 휴가 일정을 덧붙여 여행하는 것을 뜻한다. 직원 복지를 중요하게 여기는 선진국의 기업들은 블레저를 적극적으로 수용하는 추세다. 그러나 젊은 부자들에게 워라밸은 사치다. 오히려 워라밸과 같은 트렌드 속에서 기회를 엿보고 밤새워 새로운 비즈니스 모델을 만들어낸다.

4차 산업혁명 시대의 IT산업은 급속도로 변화한다. 아무리 좋은 아이디어가 있어도 내가 먼저 실행하지 않으면 남이 시장을 선점한다. 내가 먼저 먹지 않으면 먹히는 무자비한 정글과도 같다. 에릭 녹 파는 큰 물고기가 작은 물고기를 잡아먹는 것이 아니라 빠른 물고기가 느린 물고기를 잡아먹는다고 주장한다.

그는 빠른 물고기가 되기 위해 인공지능과 빅데이터를 적극 활용한다. 최첨단기술을 이용해 소비자에게 정확한 정보와 편리함을 제공할 수 있기 때문이다. 수요와 공급이 예측 가능한 플랫폼을 만들면 회원 이탈도 막을 수 있다. 또 그는 최근 전통 여행사들이 사라지고 온라인 여행 스타트업들이 우후죽순 생겨나고 있는 여행업계가 M&A를 통해 몇 개의 거대 온라인 여행사로 정리될 것으로 보고 있다. 세계에서 가장 오래된 여행사인 영국의 토마스 쿡은 1841년 설립되었으나, 온라인 여행사들과의 치열한 경쟁에 대응하지 못해 178년의 긴 역사를 마감하고 2019년 파산했다. 한편, 3억 명의 회원을 가진 중국 최대 온라인 여행사 씨트립은 세계 최대 여행검색 엔진을 가진 영국 스카이스캐너를 2016년 인수, 대량의 데이터 속에서 필요한 정보를 신속하게 찾아주는 메타 데이터 시스템을 확보하는 등 온라인 시스템을 더욱 강화해 글로벌 시장으로 사업을 확대하고 있다.

사실 클룩과 유사한 티켓 할인 예매 온라인 회사들은 많다. 그러나 클룩은 어느 누구도 넘보기 어려울 만큼 탄탄하게 자리 잡았다. 국내시장을 놓고 국내업체들과 경쟁하는 다른 회사들과는 다르다. 클룩은 이미 전 세계 회원들을 대상으로 국내여행과 해외여행 시장을 모두 장악해나가고 있다. 그래서 액티비티를 운영하는 현지 파트너는 현지 여행업체보다 클룩을 선호한다. 국내업체는 국내 관광객만 데려오지만, 클룩은 전 세계 여행객을 데려올 수 있는 능력이 있기 때문이다.

클룩은 전 세계 관광객을 모으는 플랫폼을 배경으로 새로운 상품을 개발해 차별화를 시도하고, 현지 파트너들과 고유한 현지 문화를 보여주는 특별상품을 개발한다. 특별한 체험을 확보하기 위해 현지 파트너에게 적극적인 지원도 아끼지 않는다. 예약 시스템이 없으면 기술팀이 직접 방문해 솔루션을 구축해준다. 앱 사용이 불편한 파트너에게는 이메일이나 팩스 등 다른 방식으로 지원할 수 있는 방법을 고민한다.

국내여행과 해외여행의 잠재력이 무궁무진한 중국시장에서 클룩의 역할은 점점 커지고 있다. 중국인의 해외여행 건수가 2018년 1억 6000만 건에 달했는데, 2030년에는 3억 건으로 급속하게 증가할 것으로 중국 여행업계는 전망하고 있다. 향후 10년 동안 추가되는 해외여행객의 절반은 중국인이 될 것이라는 보고도 있다. 중국인의 지속적인 소득증가와 더불어 관광업계의 큰손인 중국인 관광객을 유치하기 위한 유럽 국가들의 비자 완화정책은 중국인들의 해외여행을 더욱 증가시킬 것이다.

사실 클룩이 중국시장에 처음 진출할 때 국내여행보다 해외여행에 관심이 많았다. 씨트립과 같은 규모가 큰 중국 여행사들이 이미 중국 내 여행시장을 장악하고 있었기 때문에 처음부터 그들과 정면충돌하는 것은 무리라고 생각했다. 한편 해외 체험여행 시장을 장악하고 있는 클룩의 경쟁력은 단체관광보다 개별 자유여행에 있다. 젊은 층은 단체관광보다 개별 자유여행을 선호한다는 점에서 클룩은 중국 젊은이들에게 안성맞춤인 여행 플랫폼이다. 2018년 해외로 여행간 중국인 중 36%가 30세 미만으로 젊은 층의 비중이 현저히 높고 현재 14억 중국 인구 중 여권 소지자가 10% 미만이라는 점을 감안할 때, 중국 젊은 층의 해외여행은 더욱 증가할 것이고 중국에서 클룩의 입지 역시 더욱 커질 것이다.

중국인의 해외여행은 증가하는 반면 중국으로 들어오는 여행객은 정체상태다. 중국인의 해외여행은 해마다 15퍼센트 전후로 증가하는 데 비해 중국에 들어오는 외국인 관광객 증가율은 1퍼센트 수준이다. 이런 상황에서 2018년 중국의 관광수지 적자가 2000억 달러에 달하는 것으로 추산되었다. 전 세계에 고객을 확보하고 있는 클룩은 중국에 외국인 관광객을 유입시키는 것이 상대적으로 용이하다. 전 세계 여행 예약 건수가 연간 6000만 건에 달하는 클룩은 중국 내 여행사들이 하기 어려운 외국인 여행객 유치에 큰 강점을 가지고 있는 것이다. 실제로 2016년 말부터 중국시장에 본격적으로 진출한 클룩은 단 몇 개월 만에 상하이에만 월 2만 명의 외국인 관광객을 유치할 만큼 괄목할 만한 성과를 내며 중국 내 여행시장에서도 매우 비중 있는 플레이어로 자리를 잡았다. 클룩은 선전, 상하이, 베이징을 비롯한 대도시에서 중국 전역으로 시장을 넓혀가고 있는 중이다.

에릭 녹 파는 클룩을 빠르게 변화하는 여행업계를 선도하는 주류로 만들었다. 그가 글로벌 시장을 주도할 수 있게 된 것은 일반적으로 여행업체들이 틈새시장 진출이나 단일시장에 집중함으로써 글로벌 확장성을 고려하지 않는다는 데 반해 클룩은 스타트업을 시작할 때부터 글로벌 시장을 염두에 두었기 때문이다.

| 에릭 녹 파 Eric Gnock Fah

1987년	아프리카 모리셔스 출생
2004년	미국 프랭클린앤드마셜 칼리지 입학
2008년	모건 스탠리 입사
2011년	아틀란티스 입사
2014년	클룩Klook 창업
2017년	《포브스》 '아시아 유망 기업인 30세 이하 30인' 선정

한국의 젊은 부자들 이야기를 꿈꾸며

혁신은 생존이다. 변화의 길목에서 혁신을 주도하는 기업은 세상을 바꾸지만, 혁신하지 못하는 기업은 도태된다. 제프 베조스는 신문에서 전자상거래 시장 규모가 연간 2300퍼센트 증가한다는 기사 한 줄에 변화를 감지하고 1994년에 아마존을 설립했고, 마윈은 1995년 미국에 출장 갔다가 인터넷의 잠재력을 보고 1999년 알리바바를 설립했다. 반면, 노키아는 세계 휴대전화 시장을 14년 동안 평정했음에도 불구하고 스마트폰이 변화시킬 미래를 못 보았기 때문에 몰락했고, 코닥은 디지털카메라를 최초로 개발했음에도 불구하고 필름 카메라 시장만 고수하다가 무너졌다. 미래에 일어날 변화를 일찍이 감지하고 그 변화의 물결에 올라타 새로운 혁신을 추구한 사람들은 부자가되었지만, 능력이 있어도 혁신을 거부한 기업은 결국 나락으로 떨어졌다.

4차 산업혁명 시대에 변화와 혁신의 속도는 더욱 빠르다.

유니콘 기업으로 대변되는 세계의 젊은 기업들이 혁신의 선봉에 서서 세상의 변화를 리드하고 있다. 우버가 자동차 산업의 판도를 바꾸고, 에어비앤비가 호텔업계를 뒤흔들고 있다. 중국의 젊은 기업들은 빠른 혁신으로 단기간에 세계에 강렬한 인상을 주며 세계적인 기업으로 발돋움했다. 바이트댄스, 디디추싱, 콰스커지 등 이름도 낯선 기업들이 우리가 잘 모르는 사이에 중국을 벗어나 세계적 기업으로 도약하고 있다.

혁신이 강한 나라를 만든다. 강한 국가가 되기 위해 혁신을 위한 창조적 기반 마련이 얼마나 중요한지는 역사를 통해서도 알 수 있다. 칭기즈칸이 인류 역사상 가장 넓은 영토를 가진 몽골제국을 건설할 수 있었던 것은 혁신적 창조가 가능한 환경을 만들었기 때문이다. 칭기즈칸은 세계 정복이라는 목표하에 전쟁에서 이길 수 있는 전술과 지혜를 갖기 위해 포용정책을 펼쳤다. 전술적 지혜가 있는 사람에게는 설령 적군이라도 항복하면 높은 직위와 보물을 아낌없이 나눠주었고, 신무기가 눈에 띄면 기술자들을 모조리 잡아들여 후한 대접을 해주며 신무기를 제작하도록 독려했다. 인종, 문화, 종교 모두를 포용하는 정책을 폈다. 칭기즈칸의 이런 전폭적인 지원 속에서 몽골족은 최적화된 새로운 전략과 무기로 군사력을 증강시켜 세계적인 제국을 만들었다.

로마인 역시 창조적 혁신을 기반으로 1000년 동안 번성한 로마제국을 건설했다. 로마인은 '지성, 체력, 기술력, 경제력 모든 면에서 주변 민족들보다 뒤떨어진다고 스스로 인정'하면

서도 가장 강력한 국가를 만들었다. 로마인들 역시 전쟁에서
이길 수 있다면 적군의 전술과 무기를 적극적으로 수용해 재
창조했고, 로마인이 아니더라도 뛰어난 인재에게 기회와 높은
계급을 주었다. 몽골제국과 로마제국 모두 세계 정복이라는
뚜렷한 목표하에 인재를 적극적으로 끌어들이고 혁신을 위한
창조적 기반을 마련하여 대제국을 건설했다.

몽골제국과 로마제국의 역사 속에서 오늘날 중국의 모습
을 볼 때가 있다. 현재 중국은 신중국 성립 100주년인 2049년
을 기점으로 미국을 뛰어넘는 세계 최고의 최첨단기술강대국
이 되겠다는 뚜렷한 목표를 가지고 있다. 목표를 달성하기 위
해 국내외를 막론하고 수많은 혁신 인재를 영입하고, 원천기
술 확보와 최첨단 기술개발에 열을 올리고 있다. 청년들에게
창업을 독려하는 정부의 의지도 강하다. '대중창업 만민혁신'
이라는 구호하에 창업할 수 있는 사회적 기반을 마련하여 창
조적 혁신을 이끌어내고 있다. 이런 분위기 속에서 설립 4~5
년 만에 샤오미, 바이트댄스와 같은 수십조 원짜리 기업이 만
들어지고, 회사 설립 6년밖에 안 된 스타트업이 세계 최초 폴
더블폰을 만들어내는 상상하기 어려운 일들이 벌어진다.

40년 전 개혁개방 당시만 해도 중국은 인재, 기술, 자본 등
아무것도 없는 나라였다. 그랬던 중국이 '세계의 공장' 역할을
자처하며 부를 축적하여 세계 최대 외환보유국이 되었고, 그
자본으로 해외 M&A를 통해 세계의 선진 기술력을 흡수했다.
2008년 미국발 금융위기 이후 단순 제조업에서 첨단산업으로

산업구조 체질 개선에 나서더니 '천인계획', '만인계획' 정책을 통해 파격적 대우로 세계의 혁신 인재들을 끌어들였다. 이런 혁신 인재들을 바탕으로 산업 분야 곳곳에서 기술굴기를 일으키고 있다. 최첨단기술 분야 최강국인 미국을 넘어설 때까지 중국의 기술굴기는 멈추지 않을 것이다.

반면 우리의 모습은 어떤가? 국제사회에서 강대국들의 틈바구니에서 선택을 강요받는 난처한 상황을 여러 차례 경험했다. 우리의 이런 역사를 청산하려면 우리 스스로 강한 나라가 되어야 한다. 대한민국은 한국전쟁 이후 폐허의 빈국에서 세계 경제 10대국이라는, 무에서 유를 창조해낸 저력을 가지고 있는 국가다. 오로지 잘살아보겠다는 한 가지 목표를 가지고 온 국민이 앞만 보고 달려왔기에 이뤄낸 성과다. 현재 전 국민이 하나 될 수 있는 국가의 지향점은 무엇일까? 우리는 과연 4차 산업혁명이라는 변화의 길목을 잘 헤쳐나가고 있는 것일까?

4차 산업혁명 시기에 강한 나라가 되기 위해서는 혁신을 위한 창조적 기반이 그 어느 때보다 시급하다. 글로벌 마인드를 가진 실력 있는 인재, 실패해도 재도전할 수 있는 기회 부여, 스타트업이 더욱 활성화될 수 있는 산업 생태계 조성 등 세계에서 통할 수 있는 혁신적 글로벌 유니콘 기업이 나올 수 있는 사회적 기반이 조성되어야 한다. 기술 혁신으로 세상을 바꾸는 실력자들이 대우받고 존경받는 나라가 되어야 한다. 한국도 흙수저 출신의 젊은 부자들이 많이 나올 수 있는, 누구나 젊은 부자를 꿈꿀 수 있는 나라가 되기를 염원해본다.

참고문헌

도서

程维 柳青,《滴滴: 分享经济改变中国》, 人民邮电出版社, 2016

戴自更,《重新定义中国创客》, 人民日报出版社, 2019

甘开全,《大疆汪滔-让中国制造飞得更高》, 新世界出版社, 2017

袁国宝,《拼多多拼什么: 商业模式+店铺运营+爆品打造》, 中国经济出版社, 2019

赵光辉,《创客时代》, 广东人民出版社, 2016

마윈,《마윈, 내가 본 미래》, 김영사, 2017

서울대학교 공과대학,《축적의 시간》, 지식노마드, 2015

우샤오보어,《격탕》, 새물결, 2014

위민홍,《창업은 기회와 타이밍이다》, 새로운제안, 2018

월터 아이작슨,《스티브 잡스》, 민음사, 2015,

장용,《양쯔강의 악어: 마윈의 성공 스토리》, 강단, 2015

피터 틸,《제로 투 원》, 한국경제신문사, 2014

후이구이,《샤오미 CEO 레이쥔의 창업 신화》, 느낌이있는책, 2014

황티에잉,《대륙을 달군 훠궈 신화 하이디라오》, 시그마북스, 2012

잡지

《财经》,《创业邦》,《北京科技报》,《环球人物》,《商界》,《南方人物周刊》,《中国企业家》등

관련 사이트

Forbes, 'Forbes China 30 Under 30: Meet 30 Young Entrepreneurial Disruptors In China', 2013.3.11

Forbes, 'The Global Game Changers', 2016, 2017

Forbes, '30 Under 30 Asia: Enterprise Tech', 2016

Forbes, '30 under 30 Asia: Consumer Technology', 2017

Forbes, '30 under 30 Asia: Retail & Ecommerce', 2019

Forbes, 'The Richest People in Tech' 2017 Ranking

Forbes, 'Billionaires: The Richest People in the World', 2019.3.5

Forbes, 'Didi's Cheng Wei Is Forbes Asia's 2016 Businessman Of The Year', 2016.11.30

Forbes, 'Bow to your Billionaire Drone Overlord: Frank Wang's Quest To Put DJI Robots Into The Sky', 2015.5.25

Forbes, 'Drone Overlord Frank Wang on DJI's Milestones, Miscarries GoPro Partnership & Corporate Espionage', 2015.5.7

FortuneChina, '中国40位40岁以下的商界精英', 2013, 2017, 2018, 2019

FortuneChina, '中国最具影响力的50位商界领袖' 2018, 2019

ForbesChina, '中国30位30岁以下创业者', 2012

ForbesChina, '中国30位30岁以下精英榜', 2018

Fortune, '40 under 40 the most influential young people', 2017

MIT Technology Review, '35 Innovators Under 35' 2017, 2018

Time, 'The 20 Most Influential People in Tech', 2017.5.10

인터뷰 및 연설

왕타오

网易科技, '独家专访大疆汪滔: 执掌机器人王国的愚者', 2015.7.8

雷锋网, '专访大疆汪滔: 把RoboMasters大赛办成工程师的F1和世界杯', 2016.8.30

中国企业家网, '大疆汪滔: 世界笨得不可思议', 2016.9.20

장이밍

凤凰网, '意料之外的大学生活和创业心路', 2016.3.16

腾讯科技, '张一鸣演讲全文: 今日头条短视频总播放量超100亿', 2017.11.22

中国经济网, '张一鸣对话钱颖一: 产品经理最重要的素质是同理心', 2018.3.26

인치

36氪, '旷视科技CEO印奇: 人工智能的商业化尝试', 2017.6.30

澎湃新闻, '专访旷视科技CEO印奇: 总理为原创的中国人脸识别技术点赞', 2017.7.29

凤凰财经, '旷视科技印奇: 两三年时间机器能具备像人一样学习能力', 2017.11.29

류쯔훙

光明日报, '让硅谷来学习中国原创的技术', 2015.7.15

中国企业家网, '柔宇科技: "黑科技"突围', 2018.10.9

中国企业家网, '刘自鸿: 柔性技术将改变人机交互方式', 2018.12.3

청웨이

新浪科技, '对话滴滴掌门人程维: 多数人只知道战争, 却并不真正理解竞争', 2017.12.29

新浪科技, 'BBC采访程维全文: 新时代中国的面孔 自信而目标坚定', 2018.5.8

270

中国企业家网, '程维"下凡"', 2019.9.12

황정

新浪财经, '对话拼多多黄峥: 他们建帝国、争地盘,我要错位竞争', 2018.4.4

中国企业家网, '拼多多夹缝求生', 2018.10.10

新浪科技, '对话黄峥:日包裹占全国2成 将投入快递解决物流', 2018.11.8

녜윈천

中国企业家网, '喜茶要进京了, 90后创始人回应了所有负面消息', 2017.6.26

创业家, '喜茶创始人聂云宸: 茶饮要起个"抽象"的名字!', 2018.9.8

凤凰财经, '专访喜茶创始人聂云宸: 我每天都很焦虑, 要走的路还很远', 2018.10.30

장량룬

中国电子商务研究中心, '贝贝网CEO张良伦: 新电商的下一个风口', 2016.6.28

亿欧, '三十岁的张良伦和他的贝贝网', 2016.12.9

中国电子商务研究中心, '贝贝网张良伦: 一个天生的创业者', 2018.2.28

리테시 아가왈

网易新闻, '对话OYO创始人: 赚钱不是我们的兴趣 在中国最成功的是石家庄', 2019.8.27

环球旅讯, 'OYO是如何九个月之内在中国开店超千家的?', 2018.8.20

원청후이

创业邦, '礼物说创始人温城辉: 现实的理想主义者', 2014.12.31

创业邦, '90后温城辉: 我想做个乐观的年轻人', 2015.5.6

创客猫, '礼物说创始人温城辉为90后发声: 我们的创业时代刚刚开始!', 2018.1.30

다이웨펑

中国经济, '戴跃锋: 一个产品经理的创业人生 困惑而不焦虑', 2018.4.20

新浪财经, '御家汇董事长戴跃锋: 将优秀品牌引入中国市场', 2019.8.8

장방신

创业邦, '学而思张邦鑫: 性价比最低的家教兼职改变了我的命运', 2011.10.14

中国经济, '好未来张邦鑫: 坚守教育初心 用爱和科技推动教育进步', 2018.11.14

中国经济, '张邦鑫: 为每个孩子提供更适合的教育', 2019.5.16

에릭 녹 파

动点科技, '对话客路klook王志豪: 在看似被巨头垄断的华人旅游市场, 仍然有羹可分', 2017.7.3

IT商业新闻, '客路CEO林照围: 在错位发展中做好中国入境游', 2017.11.16